BUFFALO BILL'S
WILD WEST

# BUFFALO BILL'S WILD WEST

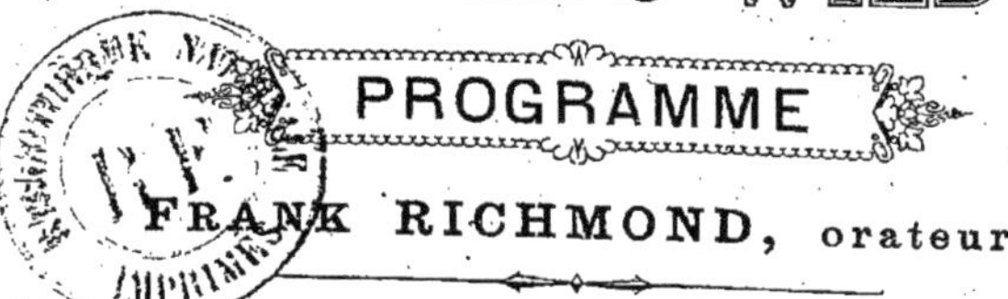

## PROGRAMME

### FRANK RICHMOND, orateur

## OUVERTURE

**Introduction Générale.**

**Grand Défilé** de toute la Troupe.

**Introduction des Célébrités individuelles,** Groupes, etc.

**Course sur Poneys** contre un Cowboy, un Mexicain et un Indien.

**L'Express par Poneys :** Façon dont on transportait les Lettres dans le Wild West avant la construction des Chemins de Fer.

**Tir au Vol** par M^elle Annie Oakley.

**Attaque d'un Convoi d'Emigrants** par une bande d'Indiens maraudeurs. — Défense du Convoi par des Eclaireurs et des Cowboys commandés par **BUFFALO BILL.**

**Le Quadrille de Virginie** dansé à Cheval par des Filles et des Cowboys de la Frontière.

**Tir au Vol** par M^r Johnnie Baker.

**L'Amusement des Cowboys :** Ils lancent le lasso; galopant à toute vitesse, ils ramassent des objets jetés à terre; ils montent des Chevaux rétifs *(Bucks Jumpers)*.

**Tir au Pistolet** par M^r C. L. Daly.

**Course entre des Filles de la Frontière.**

**Attaque de la Malle-Poste de DEADWOOD** par les Indiens. — Défense de la Malle par les Eclaireurs et les Cowboys commandés par **BUFFALO BILL.**

**Course entre de Jeunes Sioux** sur des Poneys sans selle.

**Danses des Indiens :** La Danse de Guerre; la Danse du Soleil; la Danse de l'Amour, etc., par des Sioux, des Arrapahoc, des Brûlés, des Ogallala et des Cheyenne.

**LE COLONEL W.-F. CODY, BUFFALO BILL,** le Roi des Hommes de la Frontière, dans ses différents exercices.

**Chasse au Buffle sauvage.**

**Attaque d'une Hutte de Colons** par des Indiens maraudeurs. — La défense commandée par **BUFFALO BILL.**

Imp. F. APPEL, 12, rue du Delta.

# L'OUEST SAUVAGE

DE

# BUFFALO BILL

## RÉCITS AMÉRICAINS

### DESCRIPTION ILLUSTRÉE ET APERÇUS DE FAITS HISTORIQUES

## SOCIÉTÉ BUFFALO BILL DU WILD WEST

| | | | |
|---|---|---|---|
| Col. W.-F. CODY (BUFFALO BILL)... | Président | Nate SALSBURY..... | Vice-Président et Directeur |
| John M. Burke................ | Directeur général | Jule Keen................ | Trésorier. |
| Albert E. Scheible............. | Représentant | Lew Parker............... | Agent des contrats |
| Carter Couturier............. | Agent de publicité | Franck Richmond........... | Avocat |



PARIS

IMPRIMERIE PARROT ET Cie

12, RUE DU DELTA, 12

1889

# INTRODUCTION

Dans le développement de son histoire contemporaine, l'Amérique du Nord n'offre pas de tableaux plus palpitants d'intérêt que celui de l'extension progressive et rapide de sa frontière de l'Ouest.

La force d'expansion de la race blanche, prouvée par le mouvement des émigrants, et l'extension de nos voies ferrées, conjointement à celle de la puissance militaire du gouvernement central ont brisé, jusqu'à un certain point, les barrières à l'abri desquelles le Peau-Rouge luttait contre les progrès de la civilisation. Néanmoins le « Far-West » est encore sur plusieurs points, pour l'homme à l'état sauvage un refuge où l'action de la loi n'est soutenue que par le revolver, et où le flibustier et le blanc nomade sont aussi redoutables que le Peau-Rouge.

En ce qui touche à l'existence de l'homme dans les montagnes rocheuses et dans les plaines voisines, l'histoire de notre pays n'a été révélée qu'à demi, et le roman lui-même est resté bien loin de la réalité, quand il a essayé de nous faire connaître les péripéties de la vie des pionniers, des trappeurs et des éclaireurs qui, par leur marche en avant, ont préparé aux nouveaux venus une voie sûre, bien souvent hélas! arrosée de leur sang.

Les noms de « Old Bridger ». « Kit Carson », « Buffalo White », « Wild Bill », « California Joé », « Texas Jack » « Buffalo Bill » et de douzaines d'autres sont déjà passés à l'état légendaire comme enveloppés de traditions étranges, tandis que leurs travaux et la vie de quelques-uns font partie intégrante du développement du Grand-Ouest. La plupart sont morts en combattant vaillamment, et tous, à leur manière, ont été des hommes remarquables dont les exploits, nimbés d'héroïsme, ont conquis l'admiration des écrivains civils et militaires. Nos officiers les plus distingués ont constamment porté témoignage de l'utilité et de la valeur de ces hommes, et aujourd'hui les aventures de l'éclaireur de l'armée de la civilisation constituent un sujet d'inépuisable intérêt.

L'œil perçant, solidement bâtis, rompus aux privations et aux fatigues, initiés aux habitudes et aux idiomes des Peaux-Rouges, chasseurs intrépides, dignes de confiance dans le danger suprême, ces éclaireur forment, dans la société américaine, une clase à part qui tend à disparaître de notre pays.

Dans les Etats de l'Est, et même sur la rive gauche du Mississipi, les mœurs de ces hommes sont relavement inconnues, et c'est pour les porter à la connaissance de tous que cette brochure a été faite.

L'honorable William F. Cody (« Buffalo Bill »), avec le concours de M. Rate Salsbury, l'éminacteur américain — propriétaire d'un *Ranch*, — a organisé une vaste combinaison, au moyen de laquelle se représentée, sous ses différents aspects, la vie telle qu'on la voit dans les plaines : le campement des Peaux-Rouges ; les Cow-boys et les vaqueros ; les troupeaux de buffles et d'élans ; les animaux pris au lasso ; l'attaq de la diligence ; des tours de force, d'agilité, d'équitation, de tir à la carabine, à l'arc, etc., et les autres scènes et incidents de la vie sur la frontière.

Une troupe d'hommes de ces contrées et de Peaux-Rouges, la plus complète qui ait jamais visité l'Europe, prendra part à la représentation qui, n'ayant rien de commun avec le spectacle des cirques, présentera tous les caractères de la nouveauté, les attraits de la surprise et les charmes de l'instruction.

JOHN M. BURKE.

North Platte, Neb.

---

## LE COLONEL W. F. CODY (BUFFALO BILL)

Le colonel M. Cody naquit dans le Scott County, — État d'Iowa — d'où son père Isaac Cody, ér quelques années plus tard pour se rendre près de la frontière du Kansas, où il s'établit près du fort Le worth. Tout enfant, il eut la douleur de perdre son père tué dans ce qu'on appelle aujourd'hui la « Gu frontière ». Sa jeunesse se passa au milieu des agitations et des troubles causés par les dissensions et les politiques qui précédèrent la déplorable guerre civile. Cet état de choses parmi la population blanche du t et s'identifia intimement à l'histoire de ce régiment dans l'Ouest. — Choisi bientôt par la Cie du chemin de fer Kansas-Pacifique pour fournir la viande aux terrassiers occupés à construire cette voie, il tua en une seule saison 4,862 buffles, sans compter les cerfs et les antilopes. Il fut aussi le chef des éclaireurs chargés de protéger la construction de la ligne Union-Pacifique.

Dans ces divers services, ses rencontres avec les Peaux-Rouges furent innombrables, et toutes ont été constatées par les officiers militaires de chaque section du pays. De fait, partout où l'on rencontre un de ces officiers on trouve un fervent admirateur de Buffalo Bill. C'est en un mot le véritable type de l'homme de la frontière, il y a quelques années, c'est-à-dire, non le tapageur des bars ou le fanfaron des postes avancés, mais un spécimen authentique de la virilité de l'Ouest, un enfant des prairies où il fut élevé, familiarisé avec cette toire, l'hostilité et la férocité que les tribus indiennes opposaient aux empiétements des blancs, créaient une atmosphère d'aventures bien propres à développer son tempérament enclin à braver le danger, et à augmenter sa confiance en lui-même pour le conjurer.

Habitué dès l'enfance à monter à cheval, à se servir des armes à feu W. Cody, tout jeune encore, devint un célèbre cavalier porteur de dépêches par poney, ce qui constituait à cette époque la plus périlleuse des missions dans la plaine. On le savait absolument sans crainte, surtout à cause de son jeune âge, et toujours prêt à accepter les missions les plus dangereuses; aussi était-il respecté, même par les hommes employés dans le service des express-dépêches, tels que Old Jule et le terrible Slade, dont la fin, correcte est véridiquement racontée dans le roman de Mark Twain, intitulé « Roughing it » (A la dure).

Il accompagna le général Albert Sydney Johnston dans son expédition d'Utah, servit de guide à des convois d'émigrants, chassa pour vivre, et mérita son sobriquet en enlevant les lauriers aux mains de ses concurrents, notamment de Comstock, comme chasseur de buffles; dans un concours de chasse où il tua soixante-neuf buffles en un jour, tandis que Comstock n'en abattait que quarante-six. — Il devint éclaireur et guide du cinquième régiment de cavalerie, devenu si célèbre (alors commandé par le général E. A. Carr.) région avant l'établissement des voies ferrées, alors qu'on ne la connaissait sur les cartes que sous la dénomination de « Grand Désert américain. «

Par le fait de son origine et de ses premières relations, c'est un homme, qui, habitué aux vicissitudes et aux périls d'une existence primitive, doué de toutes les qualités qui lui valurent plus tard des postes de confiance, a obtenu, sans la rechercher une grande renommée nationale.

Le général Irving Dodge, chef d'état-major du général Sherman, dit, avec justesse, dans son livre « Trente ans parmi nos tribus sauvage » : Le succès de chaque expédition contre les Peaux-Rouges dépend surtout de l'habileté, de la fidélité et de l'intelligence des hommes employés comme éclaireurs. Car non seulement le commandement compte habituellement sur eux pour le choix des bonnes routes et des campements convenables, mais aussi l'officier qui commande, poit pouvoir se fier presque entièrement à eux pour connaître la position et les mouvements des ennemis. »

Donc, en dehors du simple courage personnel, l'éclaireur doit posséder les qualités morales qu'on exige d'un bon capitaine de navire. Il doit avoir une entière confiance en sa propre habileté pour affronter et vaincre les difficultés imprévues, être un parfait observateur de la nature, un météoroliste par instinct, un géologue par expérience, un astronome par nécessité; un naturaliste par sagacité, et, par son éducation, un connaisseur accompli de la manière de faire la guerre des Peaux-Rouges, ses implacables ennemis; de leurs ruses, de leurs stratagèmes et de leurs habiletés.

Dans la marche des expéditions ou des troupes, c'est de l'éclaircur seul que dépendent l'exactitude de la route suivie, le soin de parer au danger, de se protéger contre les orages subits, de trouver le gibier, le fourrage, le bois et l'eau, dont le manque serait plus dangereux que le projectile meurtrier. Et de fait, plus de vies ont été sacrifiées dans les prairies par la faute de guides incompétents que par les attaques des Sioux ou des Pawnies.

Nos meilleurs officiers, envoyés contre les Peaux-Rouges, arrivent vite à reconnaître les traits caractéristiques d'un éclaireur dans ceux qui prétendent être des adeptes de la science des frontières, et, dans l'histoire militaire de l'Ouest, ils n'ont accordé à aucun autre autant de déférence qu'à W. F. Cody. Ce qui le prouve incontestablement ce sont ses nombreuses années de service, les expéditions et les campagnes auxquelles il a été pour ainsi dire identifié, le poste, si souvent occupé par lui, de « Chef des Éclaireurs de l'armée des États-Unis » les amitiés et les relations qui s'en sont suivies avec : le général W. T. Sherman — auprès duquel il se trouvait à la conclusion du traité Comanche-Iowa; — le général Philip Sheridan — qui lui a souvent témoigné une confiance toute particulière en le choisissant pour organiser des expéditions; notamment celle du Duc Alexis; — le vieux général Larney; les généraux W. S. Hancock, Crook, Pope, Miles, Ord, Augur, Terry, Mackensie, Caer, Forsythe, Merritt, Brisbin, Emory, Gibbon, Royall, Hazen, Duncan, Palmer, Pembroke, et le bien regretté général Caster. En un mot, son histoire est presque celle de l'Ouest moyen, et quoique plus jeune, ses services et ses aventures personnelles le mettent au niveau de Kit Carson, de Old Jim Bridger, de California Joe, de Wild Bill et de tous ses collègues morts et enterrés.

Un autre témoignage de la confiance qu'il inspirait comme homme de frontière, c'est la nomenclature des célébrités, dont la fortune et la haute position sociale leur faisait rechercher la meilleure protection qu'on pût trouver dans l'Ouest, et qui placèrent leur vie sous sa sauvegarde : Sir George Gore, le comte Dunraven, M. James Gordon Bennett, le grand duc Alexis, de Russie, le général Custer, M. Laurence Jérôme, M. Remington, le professeur Ward, de Rochester, le professeur Marsh, du collège de Yule, le major J. G. Lecksler, le D' Kingsley (frère du Canon Kingsley), et plusieurs autres personnages d'un rang élevé et de haute distinction. Une attestation bien significative aussi, c'est le récit de ses exploits dans les prairies, en compagnie de Carr, Miles et Crook, publiés dans le *New-York-Herald* et le *Times* pendant l'été de 1876, alors qu'il tua le chef *Yellow-Hand* (Main-Jaune) dans un combat loyal, corps à corps, devant les forces indiennes et américaines spectatrices de la lutte. La lettre suivante de son ancien commandant, célèbre adversaire des Peaux-Rouges, le général E. A. Carr, écrite il y a quelques années, est le plus éclatant témoignage qu'un vaillant soldat ait jamais rendu à un homme.

« D'après les services qu'il a si bravement rendus, sous mon commandement en campagne, je suis à même de certifier ses qualités et son caractère.

« Il s'est toujours montré modeste et sans prétention. Par nature, c'est un *gentleman* de manière aussi bien que de caractère, et il n'a rien de la rudesse de l'homme typique de la frontière. Il sait faire respecter sa dignité quand cela est nécessaire, mais je n'ai jamais oui-dire qu'il se soit servi du couteau ou du revolver, ou qu'il se soit engagé dans une querelle quand il pouvait l'éviter. Sa force personnelle et son activité sont remarquables, et son naturel et ses penchants sont si bons que personne ne saurait lui chercher dispute.

« Sa vue est plus perçante qu'une bonne jumelle de campagne. C'est le meilleur chercheur de piste, et le meilleur juge de la disposition du terrain que j'aie jamais connu. Il peut toujours dire quel genre de terrain se trouve en avant, de façon à savoir comment il convient d'agir. C'est un parfait appréciateur des distances, et il est toujours prêt à dire exactement combien de lieues restent à parcourir avant d'atteindre de l'eau, ou un point quelconque, ou bien encore combien de lieues ont déjà été parcourues.

« M. Cody semblait ignorer la fatigue, toujours prêt à marcher par la nuit la plus obscure et par le plus mauvais temps ; généralement il s'offrait volontairement, connaissant bien la difficulté qui se présentait. Son flair, en suivant la piste des Peaux-Rouges, ou en allant à la recherche du gibier ou d'animaux égarés est tout simplement merveilleux. C'est un chasseur des plus extraordinaires.

« Au combat, M. Cody n'est jamais bruyant, turbulent ou excité. De fait, je le remarquais à peine dans ces moments, à moins d'avoir besoin de lui, ou s'il avait quelque chose à me communiquer ; alors on était sûr de le trouver au bon endroit, et ses informations avaient toujours de la valeur et étaient dignes de confiance.

« Pendant l'hiver de 1876, nous eûmes à supporter de grandes privations et nous fûmes exposés à de terribles tourmentes de neige, de pluie, etc. Durant cet hiver, M. Cody, dans une occasion, montra de quelle trempe il était en s'offrant tranquillement pour porter des dépêches au général Sheridon, à travers une région dangereuse, alors qu'un autre éclaireur principal hésitait à se risquer.

« Plus tard, M. Cody, m'a encore servi comme guide porteur de dépêches, et comme éclaireur au Fort Mc Pherson, où il s'est souvent distingué.

« Dans l'été de 1876 Cody m'accompagna dans la région des Montagnes Noires, où il tua le chef Yellow-Hand (Main-Jaune). Il prit part ensuite à l'expédition du Big Horn (Grande Corne) et du Yellowstone (Roche Jaune).

« Je considère que les services qu'il a rendus au pays et à l'armée en suivant la piste, en recherchant et en combattant les Péaux-Rouges, en protégeant ainsi les colons de la frontière, et en guidant les expéditions militaires par les routes les meilleures et les plus praticables, sont bien au-dessus de la compensation qu'il a reçue ».

On voit donc que, quoi qu'on puisse parfois supposer que la renommée de M. Cody est due à la plume des romanciers ou des nouvellistes, si ceux-ci ne s'étaient pas senti attirés vers lui uniquement par sa valeur réelle, cet homme n'en aurait pas moins été un type dans l'histoire américaine. Ayant contribué à établir une paix durable au Nebraska où il eut l'honneur d'être élu membre de la législature, (pendant son absence à la chasse), il s'est établi à North Platte pour y jouir des fruits de ses labeurs, et y pourvoir aux besoins et satisfactions de l'entourage domestique dont il est béni. Lorsque son vieil ami, le major North, rentra dans la vie civile, en récapitulant ensemble les temps passés et leurs aventures dans les districts de la Platte, du fleuve Républicain et du fleuve La Médecine, ils résolurent de reproduire quelques-unes des scènes les plus intéressantes de la vie des plaines du « Far-West ».

La biographie de cet homme, pleine d'attrait pour les officiers et les combattants les plus distingués de l'armée de Etats-Unis, doit l'être doublement aux hommes, femmes et enfants qui jusqu'à présent n'ont trouvé que dans les récits des romans le héros des exploits surprenants sur lesquels l'imagination aime tant à s'arrêter.

Jeune, robuste, remarquable spécimen de beauté virile, doué d'un cerveau pour concevoir et de forces pour exécuter, Buffalo Bill est par excellence le type des traits uniques et énergiques qui caractérisent le *vrai américain de frontière*.

---

## A TRAVERS LE CONTINENT AVEC LE 5ᵉ RÉGIMENT DE CAVALERIE

L'histoire de ce célèbre régiment par le capitaine George F. Price s'étend depuis le temps où on le connaissait sous le nom de deuxième dragons jusqu'à l'époque actuelle. On y trouve la biographie de ses officiers, au nombre desquels figurent plusieurs des chefs militaires les plus distingués, qui ont illustré nos annales nationales, tels que : le général Albert Sydney Johnstone, le général George H. Thomas général

Robert L. Lee, le général John Sedgwich, les généraux Hordee, Emory, Van Dorn, Merritt, Carr, Royall, Custer, et d'autres d'égale valeur.

Après avoir, dans ces pages, fait allusion aux incidents, aventures et conduite du guide et éclaireur favori du régiment W. F. Cody « Buffalo Bill », le capitaine Price complète cette histoire d'hommes vaillants et de faits mémorables par « Fleuves et Campagnes » où il donne (page 583) l'esquisse biographique suivante de W. J. Cody « Buffalo Bill ».

### COL. W. F. CODY — BUFFALO BILL.

« William F. Cody naquit dans le Scott County, Iowa. Tout jeune encore, il passa au Kansas, et y fut employé comme bouvier, comme conducteur de diligence et comme porteur de dépêche (poney express). Pendant la fièvre d'or qui suivit la découverte de ce métal dans le Colorado, il se rendit à Pike's Peak, mais n'ayant pas eu de succès, il retourna au Kansas et devint trappeur sur le fleuve le Républican. Dans l'automne de 1861, il était éclaireur et guide au service du gouvernement au fort Larned, Kansas, et en 1862 il servit comme éclaireur et guide du neuvième régiment de cavalerie du Kansas, opérant surtout dans l'Arkansas, le Missouri occidental, et le Kansas. En 1863, il s'enrôla dans le septième régiment de cavalerie du Kansas, et assista à plusieurs batailles. Il fut nommé sous-officier et servit d'éclaireur à son régiment après la bataille de Tupelo. A la fin de la guerre il reçut son congé avec mention honorable, et s'engagea dans différentes affaires commerciales jusqu'au printemps de 1867 ; à cette époque il s'engagea de fournir, moyennant cinq cent dollars par mois, toute la viande de buffle nécessaire à l'alimentation des ouvriers employés à la construction, dans le Kansas occidental, du chemin de fer Kansas-Pacifique, et pendant la durée de son contrat, c'est-à-dire pendant dix-huit mois, il tua quatre mille deux cent quatre-vingts buffles. Ce succès remarquable lui valut le nom de Buffalo Bill. Quand il chassait, Cody dirigeait son cheval, autant que possible à droite sur le front de la troupe, y renversait à coups de carabine les chefs buffles, et poussait leur compagnons à gauche jusqu'à ce qu'ils commençaient à courir en cercle ; alors il en tuait rapidement tant qu'il voulait.

Cody reprit du service en 1868 comme éclaireur et guide, et après une série d'excursions périlleuses pour le transport de dépêches importantes, à travers un pays infecté de Peaux-Rouges, il fut nommé par le général Sheridan au poste d'éclaireur en chef et guide du cinquième régiment de cavalerie qui venait du Sud pour entreprendre une campagne contre les tribus hostiles, les Sioux et les Cheyennes. Il rejoignit un détachement du régiment à Fort-Hays, dans le Kansas, et assista, en automne 1868, aux combats de Beaver, de Shüter-Creek et du bras septentrional du fleuve Salomon. — Pendant l'hiver de 1868-69, il prit part à l'expédition du fleuve Canadien, et là, dans les circonstances les plus critiques, il se fit remarquer par son imperturbable bonne humeur, et surtout par les importants services qu'il rendit.

En mai 1869, il accompagna un bataillon du régiment à travers le pays, depuis le Fort-Lyon, Colorado, jusqu'au fort Macpherson (Nebraska), et prit part en route au combat de Beaver Creek, Kansas ; là il rendit encore de sérieux et brillants services, en portant les dépêches d'un détachement isolé jusqu'au campement de la cavalerie, alors que le soldat-courrier avait été forcé par les Peaux-Rouges à rebrousser chemin. Trois jours après, lorsque l'avant-garde commandée par le sous-lieutenant Babeak se trouvait cernée à Spring Creek (Nebraska) par des forces imposantes, il se distingua par son sang-froid et sa bravoure. »

Cody fut nommé éclaireur en chef et guide de l'expédition du fleuve Républican, en 1869, et se distingua à la poursuite de la tribu des Dog Soldiers (Soldats Chiens) commandés par le chef Cheyenne, Toll Bull, jusqu'à Summit Springs, Colorado. Il guida aussi le cinquième régiment de cavalerie dans une expédition, où le régiment put charger l'ennemi et remporter une brillante victoire. Il participa ensuite à la poursuite de Niobrara et échappa à peine au tomahakw des Sioux, à

Prairie-Dog Creek, dans le Nebraska, le 26 septembre 1869.

Après le licenciement de l'expédition, il fut attaché au Fort Mc Pherson, et servit dans cette station, où il fut nommé juge de paix, en 1871, jusqu'au déplacement du cinquième régiment de cavalerie qui fut transféré à l'Arizona.

Pendant cette période, il participa à plusieurs expéditions, et se fit remarquer par sa bravoure au combat de Bid Willord et à Birdwood Creek.

L'importance de ces services le fit choisir pour éclaireur en chef et guide de la grande chasse au buffle organisée qar le général Sheridan en l'honneur du grand Duc Alexis, de Russie.

Cody fut alors appelé au service du troisième de cavalerie où il resta jusqu'à l'automne de 1872. A cette époque il fut élu membre de la législature du Nebraska, ce qui lui valut le titre d' « honorable ». Mais sur le conseil de ses amis de l'Est, il donna sa démission de député et simultanément d'éclaireur et guide au Fort Mc Pherson. Il se rendit à Chicago où il fit sa première apparition comme acteur dans un drame intitulé « Les éclaireurs des Prairies. » Son succès fut immense.

Il suivit la carrière théâtrale jusqu'aux débuts de la guerre des Sioux en 1876. Alors il licencia sa troupe, rejoignit le cinquième de cavalerie récemment revenu de l'Arizona, et assista à l'affaire de War Bonnet (Indian Creek), où il tua en combat singulier le chef Cheyenne, Yellow Hand (Main-Jaune). Il accompagna ensuite le cinquième de cavalerie à Goose Creek, Mo., et servit dans l'expédition du Big Horn et du Yellowstone, jusqu'en septembre, époque où des engagements d'affaires le forcèrent à retourner dans les Etats de l'Est.

Dans cette campagne, Cody démontra qu'il n'avait rien perdu de son ancienne habileté et de son audace native contre les Peaux-Rouges. Comme éclaireur et comme guide, il jouit d'une brillante réputation argement acquise par de longs et signalés services. — Il est modeste et sans prétention, étranger aux défauts qui caractérisent l'homme des frontières.

Sa position actuelle, assez lucrative, l'a fait connaître au loin, dans le pays. Il possède des propriétés considérables au North Platte, Nebraska, et a en outre un ranch important de bétail. Sur le Dismal River, à cent kilomètres de North Platte. Son associé dans cette affaire est le major Franck North, qui s'est fait connaître comme commandant des célèbres éclaireurs Pawnies.

William Cody est un des meilleurs éclaireurs et un des guides les plus sûrs qui aient jamais chevauché à la tête d'une colonne de cavalerie, dans les prairies du « Far-West ». Ses amis de l'armée, depuis le général jusqu'au simple soldat, lui souhaitent longue vie et prospérité.

Que les sauvages Sioux reprennent le sentier de la guerre, et l'on verra Cody, s'il vit encore, enfourcher un nouveau « Buckskin Joe », portant sur le pommeau de sa selle son fameux rifle Springfield « Lucretia ».

EXTRAIT DE « TRENTE ANS PARMI LES PEAUX-ROUGES » DU COLONEL DODGE, PAGE 628

« De dix hommes employés comme éclaireurs, il y en a neuf qui ne valent rien ; parmi les cinquante ainsi employés, on peut en trouver un de quelque valeur, mais quoique des centaines, des milliers même d'hommes aient été ainsi employés par le gouvernement depuis la guerre, on peut facilement compter sur les doigts le nombre de ceux qui sont réellement remarquables. Les services que ces hommes sont appelés à remplir sont d'une telle valeur que l'officier qui en profite ne peut s'empêcher d'en proclamer l'importance. Ces hommes, honorés de mentions dans ler rapports officiels, deviennent des personnages importants sur la frontière.

Les rapports du colonel Frémont firent la renommée de Kit-Carson ; le général Custer immortalisa California Joe. — Custer, Merritt, et Carr ont fait de William F. Cody (Buffalo Bill) une célébrité des prairies jusqu'à « la fin des temps. »

---

## COMME LEGISLATEUR

Phocion Howard consigne le fait dans son journal : « Nous étions présent à la session législative du Nebraska lorsqu'on lut la démission de M. Cody ; appréciant ses qualités pratiques, ses connaissances approfondies sur les importantes questions de législation frontière, qui, en ce moment appelaient notre attention, ses études du problème indien, race dont il est l'ennemi redoutable en temps de guerre, mais l'ami généreux en temps de paix, notre désappointement fut grand en apprenant que W. Cody refusait de continuer sa vie politique, préférant rester ce qu'il est essentiellement, un vrai « chevalier de la Prairie. »

Sur la frontière où son nom est dans toutes les bouches, le célèbre éclaireur est populaire partout, formant, par son titre de chef des pionniers, une barrière entre la civilisation et la barbarie, risquant tout, pourvu que « l'Etoile Empire force sa route vers l'Ouest. »

Nous connaissons bien Bill Cody, l'ayant accompagné dans trois campagnes contre les Peaux-Rouges. La dernière était cette mémorable expédition de Custer sous le commandement de Crook, sur le Big Horn (Grand Corne) contre le chef Sioux Sitting Bull, et nous témoignons avec bonheur que Buffalo Bill est l'idole de l'armée et de l'homme de la frontière, en même temps que la terreur et l'épouvante de l'Indien couvert de son bonnet de guerre. — A la dernière session de la législature du Nebraska, on donna à W. Cody un vote d'estime qui lui conférait le titre honorifique de sénateur des Etats-Unis.

## UNE ESQUISSE A LA PLUME

M. Curtis Guild, propriétaire et rédacteur en chef du *Commercial Bulletin*, de Boston, écrit : « Elevé à la frontière, il a passé par tous les grades, et a acquis la célébrité dans chaque spécialité, dans une carrière où la supériorité en un seul genre suffirait pour rendre célèbre le plus ambitieux. C'est ainsi qu'en fait il tient la suprématie, et est, de la part de ses associés, l'objet d'une sorte d'adoration dépassant encore sa popularité. L'autre jour, de bonne heure, des visiteurs au camp le trouvèrent mêlé à tous les jeux, amusements et luttes où tous prenaient part et où il primait toujours. Au tir, à la course, dans les tours de force, d'ag lité, d'équitation, et de maniement de guides sur quatre ou six chevaux, il l'emportait sur tous les spécialistes avec une généreuse modestie, excitant par là l'admiration même des vaincus.

« Tout homme, ami de l'espèce humaine, ayant goût du pittoresque, ne peut que se réjouir à la vue de ces hardis pionniers de la civilisation. Jamais on n'a vu un plus bel exemple de virilité américaine, que lorsqu'on admire Buffalo Bill, s'avançant pour montrer ce qu'on peut faire avec le long fouet de conducteur de chariot de l'Ouest.

D'une stature plus élevée que celle du commun des mortels, droit comme une flèche, sans la moindre chair inutile sur les membres, mais chaque muscle offrant la fermeté et la dureté des tendons du cerf, l'œil franc et bienveillant d'un ami dévoué, à la fois gracieux et élégant, Buffalo Bill est, depuis l'éperon jusqu'au sombrero qui couvre sa tête, un des plus beaux types d'homme que l'Amérique ait jamais produit. Ceux qui s'attendaient à voir en lui un homme d'une autre classe, ont dû être agréablement surpris à la vue de ces authentiques fils des prairies, tous marqués au coin de cette grâce naturelle et de cette courtoisie aisée qui décèlent le vrai gentilhomme. »

---

## COMME EDUCATEUR

Le bien populairement connu Brick Pomeroy écrit : — « Un des hommes les plus indiscutablement énergiques et forts du Far-West est l'honorable W. F. Cody, du Nebraska, connu généralement dans le monde entier sous le nom de Buffalo Bill. D'un caractère hardi, généreux, énergique, comme chasseur, guide, éclaireur, officier, membre de la législature et gentleman, il est toujours à la hauteur de toute occasion difficile dans laquelle le hasard peut le pousser. Prompt à concevoir, rapide à exécuter, gardant toujours son sang froid dans les plaisirs comme dans les dangers suprêmes, d'un esprit mobile, large, libéral dans ses idées de progrès, il ne peut pas plus rester en repos, ou se figer dans la routine d'un travail de bureau ou dans celle de la direction d'une ferme qu'un aigle ne peut vivre en cage.

« L'homme véritable de l'Ouest est libre, sans peur, généreux et chevaleresque. De cette classe, l'honorable W. F. Cody, « Buffalo Bill », est un brillant représentant. Comme incident dans sa carrière à grande vitesse, il a réuni les éléments de ce qu'il appelle justement une Exposition du Far-West. En réalité le titre de Far-West sauvage conviendrait mieux à cette région. Son intention n'est pas de tirer de l'argent des personnes qui viennent voir cette exposition très mouvementée ; son but est de donner au monde de l'Est une représentation exacte de la vie des prairies, et de l'existence des hardis, braves et intelligents pionniers qui, les premiers, ouvrent la route à la colonisation et à la grandeur de l'Amérique.

M. W. Cody connaît la valeur et l'énergie de caractère de l'homme de l'Ouest et, adorant son pays, il voudrait en présenter le plus de traits possible au public, de façon à présenter des tableaux exacts de la vie de l'Ouest pour la faire connaître d'une manière intéressante au pays d'Orient.

« Buffalo Bill a amené le Far-West à nos portes. Il y a plus d'intérêt vrai, d'éducation positive dans cette étonnante exhibition que dans tout ce que j'ai vu jusqu'à présent, et une aussi vraie représentation de la nature et de la vie que de la voie qui se prépare pour des millions d'hommes à venir.

« Toute l'affabulation de Roméo et de Juliette paraît absolument insignifiante, quand on la compare au drame de l'existence tel qu'il est ici si bien dépeint, et tous les opéras du monde ne paraissent que d'agréable joujoux pour des enfants efféminés, en présence de la réalité, avec son accompagnement de musique de la frontière, si fidèlement reproduite, preuves d'habileté, de sang froid et de bravoure fournies par l'incomparable type de l'Ouest.

« Je voudrais que, à l'Est de Missouri, tout le monde pût voir cette représentation exacte et presque photographiée de la vie libre et militante de l'Ouest ; on connaîtrait mieux et on apprécierait davantage les habitants de ces contrées éloignées.

« Je voudrais qu'il y eut sur terre un plus grand nombre d'hommes éducateurs et fanatiques du progrès, dans le genre de W. F. Cody.

« Il a bien mérité de l'Amérique en faisant connaître des choses qui tendent à disparaître pour ne plus revenir.

---

## BUFFALO BILL CHEZ LUI

### Ses grands succès à l'étranger

On devrait féliciter North Platte de posséder un citoyen dont l'éminente notoriété dépasse non seulement les limites de sa commune, de sa région et de son pays, mais dont le nom retentit partout. Ses représentations éminemment fidèles et les traits de son caractère bien connu, ont vivement intéressé les lecteurs des revues et de nombreux ouvrages étrangers.

Le sobriquet de Buffalo Bill porté par l'honorable W. F. Cody, est l'indice d'une popularité qui s'étend dans tous les États-Unis, dont nous avons été témoins, tout en constatant la modestie avec laquelle l'ancien chef éclaireur porte cet élogieux surnom.

Son retour récent d'une tournée dans l'Est, où il a représenté quelques-unes des scènes et certains incidents animés de la vie quotidienne du Far-West devrait être signalé comme un événement important, marquant une ère nouvelle dans l'histoire des récréations amusantes, qui, par leur originalité et leur exactitude, sont comme « un miroir de la nature » et remplissent le « véritable but de l'art. »

L'accueil fait à ses représentations a été un véritable triomphe dans toutes les villes de l'Est, notamment à Boston, Chicago, New-Port, New-York, Philadelphie, Cincinnati et Cleveland. Ces succès sont flatteurs pour les citoyens de North Platte, et même pour tous les habitants du Nébraska. Ce fut lui en effet qui conçut et commença l'exécution de son projet; démontra qu'il était pratique en l'introduisant dans les réjouissances de notre fête nationale, et, l'année suivante, sur les côtes de l'Atlantique, en le présentant aux applaudissements de 25,000 Bostoniens émerveillés.

La grandeur de l'entreprise, les démarches habiles, les détails minutieux pour réunir et organiser les meilleurs tireurs, pour obtenir les plus beaux et les meilleurs spécimens de la race bovine, quelques Peaux-Rouges et des tireurs de prairies, les efforts nécessaires pour capturer des buffles sauvages, des élans, des bouvillons, des mules, des poneys, pour se procurer mille autres choses intéressantes connues seulement sur les pampas de l'Ouest, tiennent vraiment du prodige. Il a fallu des trains spéciaux pour transporter et conduire cette étrange caravane à Boston. Or, six semaines après avoir quitté La Platte, l'énergie de Cody avait accompli cette merveille qui lui valut les éloges renouvelés de la presse, son admission dans l'élite de la société américaine, et les encouragements flatteurs des représentants de l'éducation et du professeur Henry Bergh.

*Nord Platte Telegraph.*

## L'OUEST SAUVAGE

S'il existait encore un témoin du passage de la mer Rouge par les Israélites, des efforts du Pharaon et de son armée innombrable, avec quel intérêt on écouterait le récit de ce fait historique! Si l'homme qui se tenait sur la rive de Delaware pour voir Washington et ses soldats traverser ce fleuve, vivait encore, comme on accourrait en foule pour entendre ses récits! Qu'il serait intéressant d'entendre un témoin de l'arrivée de Christophe Colomb sur une plage du Nouveau-Monde, ou un contemporain des rudes puritains anglais qui prirent passage sur la « Mayflower » et débarquèrent sur la côte de la Nouvelle-Angleterre, si hérissée d'écueil et de rochers!

Il en sera de même de l'ange qui aura vu le Far West subjugué, parsemé d'habitations par la civilisation envahissante, à la suite des pionniers qui ont ouvert et assuré le chemin vers l'Ouest en combattant dans le désert, au milieu des jungles. Quels attrayants récits ne ferait-il pas en esquissant cette histoire!

Et de fait, quelle histoire surprenante que celle de l'Amérique! De l'embouchure du fleuve Hudson jusqu'aux bords du Pacifique, des hommes, des femmes, des enfants ont conquis le désert en s'y établissant, sans s'entasser dans des cités pour y vivre comme des vers de terre qui s'entre-dévorent.

Depuis que le chemin de fer est venu aider le pionnier, l'Amérique est en train de faire de l'histoire plus vite qu'aucun autre peuple du monde. *Ses pionniers auront bientôt disparu.* Encore quelques années et la grande lutte pour la possession de la terre sera terminée; des générations nouvelles s'établiront pour jouir paisiblement des habitations construites par leurs pères. Alors viendra le peintre : celui qui avec la plume, le crayon ou la palette saura raconter l'histoire de la conquête telle qu'il la comprendra. Alors des millions d'hommes liront et regarderont ce que le pionnier avait fait et ce que l'histoire raconte, regrettant de n'avoir point assisté à cette action grandiose.

Telles sont les pensées qui nous viennent en voyant Buffalo Bill dérouler devant nos yeux la grande peinture vivante de son Far West sauvage. Dans le monde entier, chaque homme, femme et enfant devrait pouvoir contempler cette *matérialisation* des faits authentiquement historiques.

Chaque soir, un auditoire composé de milliers de personnes, hommes d'état, artistes, militaires, professeurs, musiciens, négociants, hommes politiques, artisans, ouvriers, etc., désire connaître avec le plus de détails possible l'histoire de l'Amérique.

Chaque soir, nous voyons Buffalo Bill, le dernier venu des six plus grands éclaireurs que le pays a connus, — Booner, Crockett, Carson, Bridger, Wild Bill et Buffalo Bill. Ce dernier est à notre avis le plus grand, le plus brave, le plus habile et le plus remarquable de tous; on ne verra jamais le pareil dans son pays. C'est comme un *lusus naturæ*, faisant honneur au monde, à la force physique et à la puissance morale dont il émane, pour l'exécution d'un travail spécial.

C'est un homme dans toute sa force; dès l'âge de dix ans, il a lutté contre le destin et toutes sortes de circonstances adverses, sans jamais se montrer inférieur. Comme homme, comme éclaireur, comme pionnier, comme chasseur et adversaire des Peaux-Rouges, il tient le premier rang; il convient d'ajouter que son habileté et son courage s'élèvent bien au-dessus de la moyenne. Quant à sa méthode pour former des hommes destinés au progrès de la civilisation, elle est supérieure à toutes celles qui sont connues jusqu'à ce jour, et il est à supposer qu'elle ne sera jamais surpassée dans ce pays.

En lui, nous voyons encore un homme dont la volonté de fer, la sociabilité, le sentiment de droiture, la facilité de conception, la force d'exécution, la bonté, l'attraction magnétique, l'habileté à tirer parti de l'expérience, l'étonnante faculté de commander aux hommes et de se les attacher le rendent aussi merveilleux que grand citoyen, l'histoire de l'Amérique consacrera le souvenir de ce grand caractère.

(Rédaction du *New-York-Democrat*.)

## M. NATE SALSBURY, DIRECTEUR

Né le 28 février 1846 à Freeport (Illinois), d'une famille descendant des premiers colons de l'État de Vermont, M. Salsbury fit partie, durant la guerre, de la première levée de troupes de l'Illinois.

Il fit son service militaire pendant toute la rébellion.

C'était le plus jeune enrôlé de l'armée de Cumberland ; durant la guerre, il reçut trois blessures.

En 1868, il entra dans la carrière dramatique et parut devant tous les publics de langue anglaise, dans le monde entier.

La direction théâtrale est placée sous les ordres de cet éminent acteur, dont les succès appartiennent désormais à l'histoire du théâtre en Amérique.

Comme organisateur d'amusements publics en Amérique, en Australie, dans l'Inde et en Europe, il a donné les preuves les plus incontestables qui nous garantissent que le « Wild West » sera présenté au public avec son habileté et son jugement d'artiste bien connus.

Il y a déjà longtemps que M. Salsbury s'est vivement intéressé à l'élevage du bétail, dans le Montana, et en ce moment il est associé à l'exploitation d'un des plus importants Ranchs du Nord-Ouest.

Pendant les visites réitérées qu'il était obligé d'y faire, il fut vivement impressionné par les scènes dont il était témoin ; il pensa aussitôt à la possibilité de les représenter aux habitants de l'Est.

Un échange de vues à ce sujet eut lieu entre lui et M. Cody qui démontra que tous deux avaient la même idée.

C'est ainsi que la mise en œuvre de ce projet original dut son origine à l'esprit de ces deux hommes.

Ils se concertèrent, et M. Salsbury fit un voyage en Europe pour bien étudier la question et voir s'il y aurait avantage à produire cette exhibition sur le continent.

Entre temps, et à la connaissance de M. Salsbury, « Buffalo Bill » en fit l'essai en Amérique.

Le succès dépassa toutes les prévisions, et maintenant tous concoururent à monter un spectacle représentant la vie du « Far West » qui sera très remarquable à tous les points de vue.]

## LE COW-BOY GOSSE — LE GAMIN TIREUR

Petit Jean Baker naquit à O'Fallon's Bluffs, sur les rives de la rivière South-Platte, dans le Nebraska Occidental, en 1870. Son père était le bien connu « Vieux Lew (Louis) Baker, l'homme des Ranchs », propriétaire du ranch Baker à O'Fallon's Bluffs, autrefois point de repère important. C'était un des endroits les plus renommés sur la grande piste à travers le continent. Les scènes, incidents et attaques par les Peaux Rouges qui s'y portaient appartiennent maintenant à l'histoire de cette section jadis si exposée et si dangereuse. Là se passa, d'une manière tout à fait inconsciente, la première jeunesse de Petit Jean, au milieu de dangers que les plus audacieux ne cherchent point. Ses premières épouvantes ne furent point dues au récit de l'imagination de sa mère, mais à des faits réels personnifiés par les sauvages Sioux. Bercé

dans ce milieu poignant sur les genoux des plus célèbres hommes de la frontière, les véritables vieux trappeurs couverts de peaux de daim, premiers envahisseurs de la frontière, il fut témoin des gloires déclinantes du paradis des chasseurs de bisons. (Cet endroit était au cœur même du domaine de Baker) ; il vit aussi l'arrivée du bœuf à longues cornes du Texas avec son compagnon nécessaire le « cow-boy ».

La vue de ces rudes cavaliers de prairies, braves, francs, généreux, dévoués, endurcis contre les intempéries et la faim, risquant santé et vie pour faire leur devoir, lui donna sa première communion avec la société, en dehors de sa cabane natale, et jeta dans son esprit le germe des qualités requises pour aspirer au rang d'un vrai cow-boy américain.

Lorsque le poney express, la diligence, et le convoi de chariots furent remplacés par la locomotive, la station de Baker devint inutile, et le vieux « Lew » (Louis) émigra à North Platte, petite ville que la magie du chemin de fer avait fait surgir. Là, il se fit construire une belle maison qui devint le quartier général de tous les anciens de la frontière, et nombre de voyageurs fatigués, qui stationnaient chez lui, peuvent se rappeler les récits émouvants qu'ils y ont entendus sur « la vie sur la piste », — vie qui n'appartient désormais qu'à l'histoire et au roman, — tandis que le vieux « Lew » prodiguait l'hospitalité comme un prince. Mais la vie de Citadin, un cœur trop généreux, et les nombreuses libations offertes à droite et à gauche à trop de convives bons vivants, besogneurs et disposés à en abuser firent que le bien-être de la maison n'exista bientôt plus qu'à l'état de souvenir, et obligèrent Petit-Jean, encore enfant, à travailler comme un homme pour venir en aide au ménage. Chez lui ou en selle, il n'était content que dans l'accoutrement du Cow-Boy, ou chez M. Cody (dont l'établissement et les ranchs considérables de chevaux et de bétail sont tout prets). Là, l'activité de son esprit trouvait un aliment, à tel point qu'il fut bientôt connu sous le nom de « gamin de Buffalo Bill ».

Pendant l'hiver, il allait de temps en temps à l'école, et comme il a beaucoup de dispositions, il reçut une instruction passable. Quand M. Cody organisa son exhibition, il ne pouvait guère oublier Petit Jean.

On peut le voir tous les jours avec le « Far West sauvage », monté sur son petit fougueux mustang, chevauchant, jouant du lasso, tirant à la carabine, répétant sur la scène sa vie passée, et celle de ses associés plus âgés et plus renommés, et s'il se trouve un gamin de son âge capable de le surpasser au tir, à cheval, ou au lasso, il peut hardiment se présenter, car il n'y a pas un seul assistant qui ne risquerait tout son avoir et Pariant pour le « Cow-boy Gosse ».

## LA CHASSE AU BUFFLE (BISON)

Le regretté « Texas-Jack » a écrit la description suivante, aussi laconique que réaliste, de ce sport mouvementé, dans le *Wilkes Spirit* (L'Esprit de Wilkes), du 26 mars 1877.

For Mc Pherson, Webraska, 1er mars 1877.

Cher esprit : mes vieux amis W. F. Cody (Buffalo Bill) et le major North me rendirent visite l'autre soir, au retour d'une chasse heureuse. L'entretien autour du feu de campement me rappela ma première chasse au buffle. Je vais essayer de vous donner, s'il m'est possible, une description de ce spectacle, le plus mouvementé de tous ceux que j'ai lus ou entendu décrire. Je croyais avoir vu quelque chose de drôle dans la fuite furieuse d'un troupeau de bœufs du Texas affolés de terreur, j'ai été étonné à la vue d'une chasse de mustangs; mais ce n'était pas encore ça, et je devais convenir avec le vieux Mathusalem, que les plus âgés peuvent encore « vivre et apprendre ». C'est dommage que le vieux bonhomme n'ait pas vécu plus longtemps. A propos de sa leçon, il en aurait vu de belles.

Il y a quelques années, j'étais nommé agent des Etats-Unis, sous le major North, pour accompagner une troupe d'Indiens Pawnees et Poncas. Quoique vivant à l'état sauvage, ils sont depuis longtemps amis du gouvernement, et ils ont rendu de signalés services sous le commandement du célèbre major Franck North, dont les fameux éclaireurs Pawnees ont toujours été l'épouvantail de la tribu des Sioux. A cause de leur haine mutuelle; il est nécessaire d'envoyer un agent avec eux pour prévenir les « malentendus » et aussi pour régler certains démêlés avec les chasseurs blancs. Comme le major North était en ce moment indisposé, ce devoir m'incomba.

Afin d'éviter toute prolixité, je passerai sur les scènes et incidents de la vie de camp avec les Peaux-Rouges, sur le magnifique spectacle que présente tout un village de ces enfants de la nature en marche; les brillantes couleurs de leurs couvertures, les verroteries, les plumes, les ornements et peintures de guerre faisaient ressembler le mouvement de ces gens à un arc-en-ciel étendu sur le sol. Une description détaillée exigerait un chapitre tout entier. Je laisse également de côté notre marche de onze jours depuis la rivière Loup jusqu'à Plumb Creek, où nos éclaireurs venaient faire leur rapport.

De bonne heure, le soir, au moment d'établir notre camp, mon vieil ami Baptiste, l'interprète, me dit avec joie : « Jacques, la couverture vient d'être hissée trois fois. » — Il y aura *du rigolo*, et de la viande fraîche demain. »

Le soir même, il y eut un grand conciliabule, où il fut décidé que tous les guerriers partiraient le lendemain pour la grande chasse aux buffles, en laissant les femmes et les enfants au village.

Avant l'aube, il y eut grand branle-bas pour les préparatifs de l'événement attendu. Comme il faisait encore nuit et que j'étais occupé de mon équipement, tout en réfléchissant à ce qui allait se passer, et à mon attitude dans cette affaire en présence de mes frères les Peaux-Rouges, je ne fis pas attention à une particularité de leur accoutrement, sur laquelle je reviendrai plus tard.

A un signal donné, tous partirent et, lorsque les pâles reflets du jour naissant rendirent visible la colonne en mouvement, j'eus le loisir d'observer l'étrange cavalcade, et d'en noter les particularités. Je vis du coup l'infériorité où se trouvait le « frère blanc ».

J'étais parti au grand complet : bride, selle, lanière, carabine, revolver, ceinture, etc., à cheval sur mon poney. Eux ne portaient, à peu de chose près, que le vêtement d'Adam et Eve, avec un chiffon autour des reins, et des mocassins aux pieds, sans selle, ni couverture, ni bride, mais seulement une lanière passée dans la bouche de leurs poneys, avec un arc léger et quelque flèches à la main ; en un mot pas un atome de poids qui ne fut nécessaire, et tous, à part moi, filaient avec une vitesse vertigineuse, conduisant en laisse leurs fougueux poneys, afin de réserver toute leur énergie pour le grand événement attendu.

Comprenant rapidement cela, votre humble serviteur, tout penaud, se débarrasse de tout et glissa de sa bête, qui lui paraissait ressembler à un mulet chargé. En moi-même je renonçais de suite à l'idée de rivaliser avec mes campagnons si légèrement accoutrés. Comme ils filaient à pied, je pensais que les buffles étaient tout près, aussi qu'elle ne fut pas ma surprise, quand les kilomètres succédant aux kilomètres, je me trouvais sensiblement en arrière ; alors pour ne pas être abandonné, j'étais obligé de remonter à cheval et de piquer un petit galop afin d'apercevoir dans les yeux de frère « Lo » un sourire que son visage impassible laissait peu voir. Jamais, il me semble, on n'a pu sonder la pensée du Peau-Rouge qui n'en laisse rien voir. Figurez-vous cette course à pied, sur seize à vingt kilomètres, et vous aurez une idée des tribulations de votre ami Jacques. Heureusement je pus garder ma place, mais, sans en faire l'expérience vous-même, vous ne pouvez vous imaginer quels furent mes efforts.

A un moment donné, on fit halte, et je vous prie de croire que je n'en fus pas fâché. Tout à coup deux ou trois éclaireurs arrivèrent; à la hâte, on tint conseil; le calumet circula. Tout semblait prêt; nouveau départ suivi d'une halte nouvelle, pendant laquelle, au milieu d'une agitation contenue, chaque indien enfourcha sa monture aussi agitée que son cavalier. Tous cherchaient à prendre le premier rang, Environ deux cents hommes étaient rangés de front sur une même ligne; derrière ceux-ci cent cinquante autres formant la seconde ligne, cherchaient à prendre rang, tandis qu'une centaine formaient l'arrière garde. Les chefs placés en avant, gesticulant, faisant claquer leurs fouets contenaient la masse des cavaliers dont les poneys piaffants, haletants, écumaient et se démenaient aussi impatients que leurs maîtres qui semblaient ne faire qu'un avec leurs bêtes. Tous ces êtres n'avaient qu'une pensée, un sentiment, une ambition, dans l'attente du signal « allez » impatiemment attendu pour gagner les honneurs de la chasse.

Leur proie se croyait en sureté et broutait tranquillement, au delà d'un monticule qui les cachait à la vue, dans une plaine basse de 800 mètres de large sur 3 à 4 kilomètres de long. Les Indiens approchent peu à peu du tertre; leurs têtes atteignent bientôt le niveau du pli de terrain; on aperçoit d'abord le dos des buffles, puis on les voit complètement. Alors Pi-tu-ne-Sha-a-dou (Le grand chef Pierre) laisse tomber sa couverture, et donne le signal : « Allez donc » !

Tonnerre et foudre !! Quel ouragan !... Parlez donc de tourbillons, de trombes, de feux des prairies, du Niagara, du Mont Vésuve. (Je les ai tous vus, excepté ce dernier, réunissez-les tous, combinez-les, et servez chaud ! vous aurez encore une bien légère idée de cette charge à fond de train de la « brigade légère ». Elle fit un véritable trou dans l'espace.

Avec le rugissement du Niagara, la rapidité de l'Ouragan, la force d'un tourbillon, la poussée d'une avalanche, la surprise d'une trombe et le roulement du Vésuve, ces êtres, animés du feu de la mort, foncent sur leur proie, et, en un instant, au milieu d'un nuage de poussière, on ne voit plus qu'une masse confuse où pointent des flèches qui volent, des pieds de chevaux qui bondissent, des queues de bisons qui s'abattent, des têtes d'Indiens, des moitiés d'hommes, des portions de poneys, cauchemar indescriptible, convulsionné par les contorsions d'un gigantesque delirium tremens.

Je restai stupéfait. Où étaient-ils ? En voilà un, puis un autre, puis un troisième, un quatrième, un cinquième... Ceux-là courent dans toutes les directions de la prairie, chacun selon sa fantaisie, tandis que le corps principal des chasseurs, en masse compacte forme un grand cercle assez confus. Peu à peu les nuages de poussière se lèvent sur cette scène comme un rideau de théâtre; la vue panoramique nous montre des chevaux qui s'arrêtent à mesure que les buffles tombent; à l'agitation fiévreuse a succédé une activité tranquille ; les chasseurs dépouillent et dépècent les bisons morts, tandis que les chevaux, fiers de leurs succès, broutent tranquillement là où régnaient naguère les colosses de la prairie.

La vue de ce tableau m'intéressait à un tel point que je faillis rester bredouille ; heureusement, pour sauver ma réputation, j'abattis d'un coup de carabine, tiré à longue portée, une génisse attardée.

En moins de deux heures, chaque poney reçut son chargement, et cette opération, pleine d'intérêt mériterait une description particulière. C'était tout simplement merveilleux.

Comme j'avais beaucoup marché, je me proposais de rentrer à cheval, et pour cela je choisis le chemin le plus court pour arriver au camp. Tous les poneys, excepté le mien, étaient chargés de viande; le fils du grand chef Pierrevoyant cela s'invita à monter derrière moi. En fait de toupet, un Peau-Rouge en a plus qu'un mulet du gouvernement. Il se moqua de mes objections, et comme c'était lui qui m'avait prêté ma monture, force me fut de subir sa société. Il m'indiqua même le chemin, tout en m'assommant de son charabia indien qu'il me cornait aux oreilles pour me dire qu'il était fatigué, qu'il avait faim et soif et qu'il fallait se dépêcher.

Un des principaux traits du « Wild-West » de Buffalo Bill sera la représentation aussi exacte que possible d'une chasse au buffle, avec une horde de bisons sauvages, de Peaux-Rouges authentiques, de chasseurs et de poneys de l'Ouest.

L'attaque des Peaux-Rouges qui sera représentée dans le « Wild West » de Buffalo Bill et l'arrivée à la rescousse des éclaireurs et hommes des prairies.

## LA VOITURE HISTORIQUE DE LA LIGNE DE DEADWOOD

Les habitants des États Orientaux de l'Union américaine ont pour coutume de considérer l'Ouest comme la région du roman et des aventures. Et de fait, son histoire abonde en incidents émouvants et en transformations étonnantes. Chaque pouce de ce magnifique pays a été arraché aux mains d'un ennemi cruel au milieu de dangers et de luttes. Dans les guerres terribles de la frontière qui signalèrent les premières années des établissements de l'Ouest, les hommes se distinguaient par des prodiges de valeur, tandis que les femmes par leur courage héroïque et par leur fermeté, donnaient les plus beaux exemples d'abnégation et de dévouement.

L'histoire des convois d'émigrants et des diligences qui précédèrent le chemin de fer, est écrite avec du sang, et le récit de ces souffrances et de ces désastres, si souvent renouvelés, n'est connue dans tous ses horribles détails que par les hardis habitants de la frontière, qui, en qualité d'éclaireurs et de guides, surent pénétrer dans les établissements des Peaux-Rouges, et, soutenus par les braves soldats de l'armée, devinrent les avant-coureurs de la civilisation à l'Ouest, et la terreur du Peau-Rouge.

Parmi les plus émouvants épisodes de la vie du pionnier de l'Ouest, se placent ceux qui suivirent l'ouverture de la nouvelle ligne de communication; là il se trouva face à face avec les dangers les plus terribles, étant aux prises avec les bandits des deux races qui s'embusquaient dans les pistes. On ne peut trouver une meilleure exposition de ce fait que dans l'histoire de la célèbre *Voiture diligence de Deadwood*, débris meurtri par la tempête de la première et célèbre ligne « Etoile » des diligences, qui fut établie à une époque où prendre le siège de conducteur et conduire la voiture d'un bout à l'autre de son trajet, c'était s'exposer à la mort. Notre dessin donne une idée de cette vieille relique, et c'est parce qu'elle se trouve fréquemment mêlée à sa propre vie que Buffalo Bill l'a achetée et ajoutée aux attractions de sa « GRANDE EXHIBITION RÉALISTE DES CURIOSITÉS DE L'OUEST. »

On remarque que c'est une lourde voiture, type Concord, faite pour être traînée par six chevaux. Sa caisse est suspendue par de fortes soupentes en cuir, et le véhicule est muni de chaînes, sabots et freins en usage pour ce genre de voiture. Derrière se trouve un coffre en cuir, et un autre sous le marchepied du cocher. La voiture était destinée à porter vingt et une personnes : le conducteur et deux hommes à côté de lui, douze dans l'intérieur et les six autres sur l'impériale. Actuellement, telle qu'on la voit, ses rideaux de portières usés, sa peinture fanée, son aspect délabré, la poussière des routes qui la couvre, parlent éloquemment des fatigues et des aventures qu'elle a subies. Elle commença ses voyages en 1875 ; les propriétaires étaient MM. Gilmour, Salisbury et Cie ; Luke Voorhees en est le directeur actuel. La route qu'elle parcourait était celle de Cheyenne à Deadwood en passant par Fort Loranne, les Buttes Rawhide, Hat ou war Bonnet Creek (crique du bonnet de guerre), l'endroit même où Buffalo Bill tua le chef Cheyenne « Yellow-Haud » (Main Jaune) en combat singulier, le 17 juillet 1876, la rivière Cheyenne, le Canyon Rouge et Custer. Cette longue distance et les nombreux dangers que présentait la route, exigeaient un choix de conducteur doué d'un grand sang-froid, d'un grand courage et d'une habileté supérieure.

Durant ses premiers voyages, les points dangereux de la route étaient : Buffalo Gap, Lonne Johang, Creek, Canyon Rouge et Squart Gap, lieux rendus célèbres par les scènes de carnage et les monstruosités diaboliques des bandits. Parmi ceux-ci, on distinguait Curley Grimes (Grimes le frisé), qui fut tué au ranch de Hoyau, wooden-Legged Bradley (Bradley à la jambe de bois), tué sur le fleuve Cheyenne ; Dunk Blackburn, aujourd'hui pensionnaire de la prison d'État du Nebraska, et d'autres de la même catégorie parmi les plus audacieux « chevaliers des grands chemins » dans l'Ouest.

A l'occasion de la première attaque, le conducteur John Slaughter, fils d'un haut fonctionnaire actuellement à Cheyenne, fut tué et littéralement haché à coup de chevrotines. Il tomba par terre, et l'attelage, prenant le mors aux dents, sauva la voiture et les passagers qui atteignirent en sûreté la station de Greely. Ceci arriva au cañon de White Wood. Le corps de Slaughter fut retrouvé plus tard, amené à Deadwood et de là à Cheyenne où il fut inhumé.

La vieille voiture avait reçu là son « baptême du feu », et pendant l'été suivant elle eut à subir une série d'expériences analogues, dans de nombreuses attaques. Un des plus terribles de ces assauts fut tenté par les Sioux qui furent repoussés, bien que les deux chevaux en flèche eussent été tués. Plus tard, plusieurs voyageurs furent victimes d'une embuscade couronnée de succès, et, en cette occasion, un M. Liebman de Chicago fut tué et un de ses compagnons de voyage blessé à l'épaule.

Après cette affaire, la voiture fut affectée au transport du Trésor, et devint naturellement le point de mire des bandits ; mais grâce à une forte escorte de courriers armés qui l'accompagnaient, il s'écoula un certain temps sans que les bandits pussent faire des tentatives heureuses. Parmi les plus connus de ces courriers se trouvaient : Scott Davis, brillant éclaireur, un de ceux qui s'étaient donné le titre d'entrepreneur des pompes funèbres pour les gens de sac et de corde du voisinage ; Boone May, un des meilleurs tireurs au pistolet des montagnes rocheuses ; c'est lui qui tua dans les rues de Deadwood les deux coureurs de grands chemins Bill Price et Grimes le frisé ; Jim May, son digne frère, jumeaux par le courage, sinon par la naissance. Peu de gens ont eu autant que lui de rencontres dangereuses, et les transgresseurs de la loi ont eu bien des fois occasion de sentir les effets de son adroit coup d'œil et de son bras robuste, quand il s'agissait d'affronter des hommes résolus à vendre chèrement leur vie. Un autre de ces héros de la frontière, comme on les nomme justement est Gail Hill, aujourd'hui député Marshal des États-Unis (chef délégué de l'exécutif) à Deadwood, avec son fidèle compagnon Jesse Brown, un vieux combattant des Peaux-Rouge, dont les incidents et aventures rempliraient un livre. Ces hommes formaient un sextuor des gens les plus braves de la frontière, et leurs noms sont bien connus dans tout le pays.

A la fin cependant quelques-uns d'entr'eux eurent du malheur. Les brigands eux-mêmes étaient de vieux combattants. Les ruses des uns furent contrecarrées par les embûches des autres et, en un jour de malheur, arriva le fameux drame de Cold Springs. La station avait été surprise et envahie secrètement par les voleurs. La voiture arriva comme d'habitude, et le cocher Gene Barnett, sans soupçonner le danger s'arrêta à la porte de l'écurie. Un instant après une salve générale partit de la maison, tuant Laghey Stevenson et blessant dangereusement Gail Hill et deux autres des gardes. Les brigands s'emparèrent alors du Trésor se montant à soixante mille dollars en or.

Une autrefois, la voiture fut attaquée et le cocher tué, quand une brave femme, Marthe Canary, plus connue à présent dans l'histoire mouvementée de la frontière sous le nom de « Jeanne Calamité » s'empara des rênes pendant le feu du combat, sauva la voiture et l'amena en sûreté à destination.

Quand Buffalo Bill revint de son expédition comme éclaireur du général Crook en 1876, il prit passage dans cette même voiture, portant avec lui les scalps de plusieurs des sauvages qu'il avait rencontrés sur son chemin. Lorsque plus tard il apprit qu'elle avait été attaquée et abandonnée dans les plaines, il organisa une troupe, et, se mettant sur la piste, la sauva et la ramena au camp.

Mû par les sentiments qui s'attachent à un homme dont la vie entière s'est passée dans l'agitation du Far-West, le célèbre éclaireur a acheté cette voiture à son propriétaire le colonel Voorhees, directeur de la ligne de diligences des Black Hills (montagnes-noires), et désormais elle aura un autre rôle à remplir que celui d'attirer le meurtre et de servir de tombeau à ses passagers.

Le « Deadwood Coach » aura une part considérable dans la représentation organisée par Buffalo Bill et ses associés. Il aidera à représenter au public quelques-unes de ces réalités surprenantes de la vie de l'Ouest, en contribuant à la scène d'une attaque simulée par les Peaux-Rouges secondés par les voleurs de grand chemin.

## LES COW-BOYS

Parmi les nombreux traits caractéristiques du Wild-West, un des plus intéressants est l'arrivée en Europe d'une troupe de Cow-boys authentiques, classe d'hommes sans lesquels les immenses pâturages des pampas de l'Ouest seraient inutiles, les cités de l'Est manqueraient de viande, et les corroyeurs et les usines ne pourraient s'approvisionner de matières premières. Ce sont de véritables conducteurs de troupeaux, faisant un métier honnête, et ne devant pas être confondus avec des gens sans aveu, voleurs et criminels, qui prenant indûment ce titre dans l'Est, l'ont terni et déshonoré; ceux-ci sont en réalité les plus grands ennemis du Cow-boy. On trouve dans le *Wilkes Spirit* de mars dernier la description suivante de l'homme des ranchs américains:

### LE COW-BOY

Le Cow-boy! dont on parle si souvent et qu'on connaît si peu! tant méprisé (là où il n'est pas connu), et si peu compris! J'en sais quelque chose. Comme on le dénigre! Combien peu il est apprécié, bien qu'il ait acquis son titre par le développement des plus nobles qualités qu'on trouve chez les héros des poètes, des romanciers et des historiens, et qui forment le fond du caractère de l'homme des prairies et de l'éclaireur. Aussi quel apprentissage, quelle école pour ce dernier!

De même que le chêne majestueux est sorti d'un tout petit gland, le cow-boy n'est souvent que le germe qui se développe plus tard en homme du ranch, guide parfait, roi bouvier, terreur des sauvages et brillant éclaireur. Combien le vieux Sam Houston les aimait! Combien les Mexicains les détestaient! Combien le vieux David Crockett les admirait et que ne leur devez-vous pas vous tous « mangeurs de bœuf » ?

La plupart sont nés pour le métier, mais ils sont aussi largement recrutés parmi les jeunes gens de l'Est qui, séduits par la lecture des aventures de quelques hardis explorateurs, plantent là l'école, les livres, leurs parents, pendant que leurs maîtres sommeillent, et embrassent la vie libre de la prairie.

De même qu'autrefois, Christophe Colomb, « gosse », récalcitrant, après avoir bouclé sa malle (un simple mouchoir de poche), quittait le chemin de l'école, et devenait un hardi marin, de même le gamin de nos jours, qui se sent de l'ambition et du goût pour les aventures, se procure un pistolet à deux coups et gagne la prairie pour y chercher fortune et expérience. S'il ne réussit pas à devenir un « Texas Cow-boy », et qu'il reste en arrière, c'est qu'il lui manque le nerf et la vocation nécessaires. Si dans les leçons du dimanche, on ne lui a pas suffisamment inculqué la principale vertu de Job, il aura au début quelques déboires, mais il apprendra vite à pratiquer la patience de ces héros de résignation. Comme il y a toujours de la place, un jeune gaillard intelligent et actif trouve bientôt à se caser; une petite taille n'est pas un désavantage; au contraire, dans certaines parties du métier, elle est utile, car les cavaliers légers sont très appréciés, dès que leur éducation est achevée et qu'ils ont acquis le « sens bœuf ».

Ce « sens bœuf » (cow-sense) signifie au Texas une connaissance approfondie du métier et un instinct naturel pour deviner chaque pensée, ruse, intention, habitude ou désir du troupeau. Un homme peut avoir été élevé autre part à la queue d'une vache, pour ainsi dire, il se trouve au Texas aussi inutile qu'un vieux chapeau sans fond. Là, bientôt les gamins deviennent vieux, et les vieux semblent devenir jeunes; c'est pourquoi le nom de « boys » (garçons), est appliqué à tous ceux qui sont employés dans le métier.

On divise les Cow-boys en : « RANGE-WORKERS », qui gardent l'extérieur du troupeau et marquent le bétail au fer rouge, en conducteurs et bouviers, en guides sur la piste et en patrons.

Le chemin de fer ayant mis fin aux convois de bétail d'autrefois, il me faudra retourner de quelques années en arrière pour donner une idée des devoirs, des dangers, des joies et des amusements, des fatigues et des déboires des conducteurs d'un troupeau, quand ils ont quitté le ranch pour la grande route. Le ranch et l'élevage du bétail fleurissent toujours comme jadis, mais ils subissent peu à peu l'influence des empiétements du progrès moderne, qui naturellement fera disparaître avec le temps une nécessité de l'époque; c'est-à-dire le sujet de mon esquisse.

Avant de prendre rang définitivement, et figurer sur les rôles, le candidat doit devenir un cavalier expert, et apprendre à connaître les nombreuses excentricités de l'obstiné mustang. Il doit reconnaître les beautés de la bête, apprendre à capturer, à renverser, à caresser — oui, mais pas par derrière — et à monter le petit cheval hispano-américain, si docile! C'est tout un apprentissage amusant qui vous dévoile les mystères du cheval qui se cabre, s'emporte, s'arrête, se couche, se roule par terre, rue et mord. Vous êtes en

selle; un moment après vous êtes par terre, ou dans l'air faisant des cabrioles, des sauts périlleux, des plongeons à droite, à gauche, tombant sur les pieds ou sur la tête; ou bien encore votre petit cheval s'échappe, et s'enfuit à plus de vingt kilomètres du camp — n'oublions pas les Peaux-Rouges dans le voisinage, ni cette drôlerie appelée « Bucking » (saut de bouc). Il doit encore apprendre à manier le lasso, à attraper un jeune bœuf, arrêter une vache affolée, jeter un bouvillon sur le flanc, jouer avec un taureau sauvage, capturer un mustang indompté et s'exposer tous les jours aux mêmes périls qu'un matador espagnol, sans compter une petite affaire avec les Indiens de temps en temps. Si après tout cela il reste de vous encore quelque chose on peut bien baptiser cela du nom de Cow-boy de première classe. C'est alors que commencent ses tourments, dont il apprendra à se réjouir plus tard, lorsqu'ils seront passés.

Le commerce de bétail dans ces régions ayant été souvent décrit, je me contenterai de donner une idée de quelques incidents d'une marche à travers les plaines jusqu'aux marchés de bestiaux du Nord, à travers les régions inhabitées et sauvages des « territoires » sur une distance de six à huit cents lieues. Ces marches, qui durent de trois à six mois, s'étendent à travers le territoire Indien et le Kansas jusqu'au Nebraska, le Colorado, le Dakota, le Montana, l'Idaho, le Nevada, et quelquefois jusqu'en Californie. Ces troupeaux immenses, de trente mille têtes et plus, appartiennent à un seul propriétaire qui les conduit, divisés ordinairement par troupes de mille à trois mille bêtes qui, en route, sont désignés sous le nom de « herds » (troupeaux). Chacun de ces groupes est conduit par dix à quinze cavaliers, avec un chariot, son conducteur et un cuisinier. Il y a aussi trois poneys par homme, un attelage de bœufs portant des couvertures, de la viande desséchée, appelée pemmican, et de la farine, composant leur nourriture habituelle. Ils conduisent également un certain nombre de jeunes bœufs d'un an, provision de viande fraîche. En route, quand les bêtes sont habituées à la marche, on fait de seize à vingt-quatre kilomètres par jour, et tout va bien tant qu'il fait beau temps. A l'approche de la nuit, le troupeau est rassemblé en masse compacte, et maintenu ainsi jusqu'à ce que les bêtes se couchent. Alors, deux hommes ne cessent de faire tourner leur chevaux autour du troupeau, en sens contraire, pendant deux heures, en chantant et sifflant pendant tout ce temps; ils sont relevés de leur garde après cette faction. Il est absolument nécessaire de chanter ou de siffler; cela paraît calmer les appréhensions du bétail, effrayer les loups et autres carnassiers qui peuvent rôder autour, et empêcher les bœufs de prêter attention aux bruits accidentels qui se produisent, ou à la nostalgie de leur séjour primitif, ce qui peut facilement les déterminer à un « stampede » ou débandade générale. Quelquefois le Cow-boy est tant soit peu poëte, et charme ses loisirs en composant des bucoliques, dont les vers manquent peut-être de correction, mais jamais de hardiesse et de lyrisme.

Mais quand l'orage se déchaîne, lorsque le vent souffle en tempête, que les éclairs se succèdent, que la pluie tombe en cataractes, et que le grondement du tonnerre empêche d'entendre la voix du Cow-boy, c'est alors le moment d'ouvrir l'œil et de commander le branle-bas. En effet, dans ces moments-là il n'est pas rare que le troupeau ahuri, affolé, tourne le dos à l'orage, et, les queues en l'air, pique tout droit devant lui. Ordinairement d'un aspect lourd et bête, un troupeau de mille bœufs peut se lever comme une bande de cailles effrayées et disparaître comme un fétu de paille chassé par le vent, avec le bruit d'un tremblement de terre. C'est le moment où le Cow-boy va commencer à s'amuser ferme !

Parlez-donc de la « course de Sheridan » huit lieues en droite ligne. C'était en plein jour qu'elle avait lieu ; mais ici c'est la course du Cow-boy, dans le Texas, avec deux cents lieues devant lui, et tout le troupeau, partant ventre à terre pour regagner son lieu de naissance, dans un milieu plus noir que l'Erèbe, à travers des bouges de sangliers, des tannières de chiens de prairie, des loups, des ravins, des précipices, et souvent trois mille bœufs affolés en débandade à vos trousses. Si votre monture ne bronche pas et que vous puissiez rester en selle jusqu'au jour, vous pouvez vous vanter d'avoir de la chance. Plus d'un a perdu ses atouts à ce jeu. Rien ne peut donner une idée du coup d'œil jeté sur ces trois mille têtes à cornes qui fuient. A les voir se précipiter à la lueur des éclairs, on n'aperçoit bientôt que queues en l'air, puis une forêt de cornes. Si à Sedan, Napoléon III avait eu un troupeau semblable, il aurait repoussé le vieux Guillaume de l'autre côté du Rhin. Dans ce voyage du bétail, une autre source de confusion est la traversée des fleuves, qui sont toujours en crue pendant la saison de la marche des troupeaux.

Quand les bestiaux rencontrent de l'eau profonde, ils tâchent généralement de revenir en arrière, et le résultat de ce recul est de les faire nager en cercle; si on les laissait continuer, plusieurs pourraient se noyer. Alors le hardi Cow-boy doit descendre de son poney, quitter ses vêtements et se jeter à l'eau pour grimper sur le dos et les cornes des bêtes, afin de les éparpiller, et par ses cris, ses hurlements et ses gestes en sautant de l'une sur l'autre et en plongeant quelquefois, parvenir à les effrayer et à les forcer d'atteindre la rive opposée. Ceci ne se fait pas en une minute, car un bouvillon n'est pas un trop mauvais nageur, (j'en ai vu un se soutenir six heures durant sur mer, après avoir sauté par dessus bord, dans le golfe du Mexique). Comme la plupart des fleuves sont très rapides, et de quatre à huit cent mètres de large, il n'y a pas mal de dérive dans la traversée.

Alors le Cow-boy, tout nu sous un soleil brûlant, a de quoi s'occuper encore pour se défendre contre les attaques des mouches et des moustiques et se trouver en garde contre les Indiens, jusqu'à ce que tout le troupeau ait passé la rivière, — ce qui est loin d'être une tâche facile. Il faut improviser un bateau avec la caisse de la voiture, au moyen de la bâche du charriot qu'on y assujettit pour le rendre étanche; par ce moyen, on transporte les munitions et les provisions d'une rive à l'autre, après quoi on fait passer à la nage l'attelage et les poneys portant les harnais, les accoutrements et tout le matériel.

Des combats avec les Peaux-Rouges, des démêlés avec les voleurs sont des épisodes quotidiens de ces migrations.

Il faut aussi éviter que les bœufs du troupeau ne se mêlent avec ceux d'un autre, et, quand cela a lieu on doit se hâter de les faire rentrer dans le rang. Tantôt il faut éviter les lieux où il y a trop d'eau, tantôt passer des heures entières à chercher une rivière ou un cours d'eau pour abreuver le bétail.

Assez souvent, pour combustible, il faut se contenter de la bouse du buffle desséchée; mais toujours il faut éviter de mettre le feu aux herbes de la prairie. En un mot, les incidents d'un seul voyage rempliraient tout un volume; et il n'est pas surprenant que les Cow-boys, arrivés au bout, ne se livrent à la joie, en jurant leurs grands dieux qu'on ne les y prendra plus. Mais comme l'ivrogne qui ne veut plus boire, les Cow-boys recommencent bientôt.

Combien cependant n'arrivent pas au terme de ce voyage, ne laissant pour témoins muets de leur passage que leurs tombes semées sur la piste. Aussi quand l'Ange Gabriel sonnera le réveil, la vieille piste de l'Ouest fourmillera de Cow-boys. En somme c'étaient de braves gens ; que la terre leur soit légère !

---

## LE COW-BOY (BOUVIER)

La connaissance approfondie du terrain, de l'élevage des bestiaux, du dressage des chevaux tel est l'ensemble qui constitue le vrai Cow-boy. C'est un aide inappréciable pour le capitaliste, le fermier et le bouvier. Grâce à son appui, les affaires prennent dans ces contrées un grand développement. Gentleman dans sa conduite, courtois dans ses relations on peut lui appliquer la phrase suivante tirée du livre de monsieur Dodge. « Trente années sur la frontière. »

« Pour la fidélité au devoir, la promptitude et la vigueur de l'action, la ressource dans les circonstances difficiles et le courage dans le danger, le Cow-boy n'a pas de supérieur parmi les hommes. « Buck Taylor, Tom

Jebb, Ohny Baker, Gim Mitchell, Green Holland, Claib Young, George Williams, Tom Moore, Frank Hammet, Tol Hammet, Bob Chandler, Hec Quinn, Tony Gross, Comanche Gim, Tony Esquival, sont des vrais types de cette classe d'hommes.

## LE VAQUERO DU SUD-OUEST

Entre le Cow-boy et le Vaquero il n'y a qu'une très légère ligne de démarcation.

L'un est généralement un américain, habitué dès sa jeunesse au mouvement agité et aux fatigues de son genre de vie, et l'autre par le sang, représente le mexicain, et quelquefois le métis.

Dans leur travail, les méthodes des deux se ressemblent ; il en est de même jusqu'à un certain point de leurs associations. Mais le véritable Vaquero, quand il n'est pas de service, a plus du dandy dans les allures et sa mise que son compère plus débauché et plus sans gêne. Il a du goût pour les vêtements de couleurs voyantes, et quand on le voit entrer dans une petite ville frontière, bien campé sur sa monture, la première pensée qui vient à un citadin de l'Est, c'est qu'il a devant lui l'avant-coureur de quelque cirque nomade personnifié par un des écuyers. Le large sombréro légendaire abrite sa tête ; une riche jaquette, brodée peut-être par sa bien-aimée, recouvre ses épaules bien prises ; une large ceinture de soie bleue ou rouge est enroulée autour de sa taille, d'où l'on voit émerger les crosses de deux revolvers ; enfin un pantalon en peau de daim, fendu sur le côté, du genou au pied et agrémenté de rangées de boutons en argent ou en laiton complète son attirail, avec des éperons énormes fixés à ses bottes, et ornés de pendants qui résonnent comme des grelots, afin sans doute d'annoncer fièrement la présence du beau idéal, d'un Vaquero en grande tenue.

La selle est du type mexicain pur, avec le pommeau élevé, où est appendu le *larial* inévitable, arme aussi sûre entre ses mains qu'une balle de carabine.

En général c'est un garçon assez paisible, mais quand le whiskey a été par trop prodigué, c'est un gaillard qu'il est prudent d'éviter. Comme le Cow-boy, il est brave, agile, prodigue de sa personne, et insouciant du danger, quand il le faut pour sa propre personne ou pour celle des autres. Au fond il a bon cœur. Son métier l'oblige à pouvoir compter entièrement sur ses propres forces, dans les dangers auxquels il est exposé en remplissant ses fonctions ; aussi quand l'occasion se présente il a vite fait de montrer qu'il possède ces qualité au plus haut degré.

Des types authentiques de cette classe particulière, qu'on ne trouve nulle part que dans les prairies, ne sont pas un des moindres attraits du spectacle du « Wild-West » ; ces hommes feront voir comment ils poursuivent et capturent les animaux, et, ce qui est le caractéristique de l'éducation qu'ils ont reçue, montreront leur superbe habileté comme cavaliers.

## TONY ESQUIVAL, CAVALIER VAQUERO CHAMPION

Il est du plus pur sang castillan et mexicain. Tony Esquival est né au Mexique, d'une famille dont l'histoire date de loin dans les annales du Rio-Grande. Il possède toutes les qualités distinctives qui justifient la juste renommée des rancheros de haute lignée. Il n'a jamais été dépassé comme courrier des Poneys Express, comme bouvier et comme cavalier accompli.

## " VIEUX CHARLIE "

### [Le cheval qui porta Buffalo-Bill 160 kilomètres en 9 heures 45 minutes

M. Cody porte une grande affection au cheval, le meilleur ami de l'homme. Les nécessités de sa carrière accidentée ont fait de son coursier son aide, son compagnon fidèle, son confident, et, sur ce point, il partage l'opinion des hommes de la frontière et des éclaireurs qui pensent qu'en une foule de circonstances le succès, la vie même dépendent de la sagacité de ce noble animal.

Pour les nécessités de la piste, de la chasse, du combat, de la poursuite ou de la débandade, il est d'une importance capitale d'avoir pour coursiers des bêtes de choix, possédant au plus haut degré les qualités de force, de vitesse, de docilité, de fond, et de finesse de flair, et d'ouïe, ayant le pied sûr, la perception vive et douée de toute la noblesse et de toute l'intelligence générale de leur race.

L'histoire nous fait connaître les noms des nombreux quadrupèdes qui se rattachent à la longue carrière de Buffalo Bill, dont la mémoire reconnaissante aime à rappeler les noms si chers de : « Old Buckskin Joe » (vieux Joe peau de daim), « Brigham », « Tall Bull » (grand taureau), « Powder Face » (visage poudré), « Stranger » (l'étranger), et « Old Charlie » (le vieux Charlie).

« Old Buckskin Joe » est un de ses plus anciens favoris qui, par de longs service, en éclairant l'armée, était devenu vraiment savant, et semblait avoir acquis une grande intelligence des services qu'on pouvait avoir à lui demander. C'est pourquoi, quand M. Cody recevait l'ordre de découvrir la position des repaires des sauvages, postés souvent à des centaines de kilomètres à travers un pays inhabité, infesté par des bandes d'Indiens éclaireurs ennemis, prêts à chaque instant à fondre sur lui, il choisissait toujours le vieux peau de daim pour l'accompagner sur la piste, surtout quand la tâche était périlleuse. Monté sur un autre cheval, il laissait Old Buckskin le suivre à sa guise, sans aucune entrave, même sans bride, afin de le réserver tout frais pour le cas où il serait découvert et se verrait dans la terrible nécessité de fuir pour sauver sa vie.

Prompt à flairer le danger, il manifestait à l'occasion instinctivement ses craintes; aidait en quelque sorte son maître à lui mettre la selle, enfonçait vite sa tête dans la bride, et dès qu'il sentait son maître sur son dos partait à fond de train, et le vieux Joe pouvait alors défier les plus rapides coursiers des Indiens qu'il distançait de plus en plus à mesure que la poursuite se prolongeait.

Une fois Buffalo Bill, monté sur son fidèle Joe découvrit une bande d'une centaine de guerriers indiens

Buffalo Bill conduisant un convoi de vivres de campagne au milieu d'une tempête de neige.

qui lui donnèrent la chasse depuis la source du fleuve Républicain jusqu'au Fort Mc Pherson, sur une distance de 318 kilomètres. C'était à l'époque de l'année où les poneys sont dans de bonnes conditions et la horde sauvage, quoique altérée du désir de s'emparer du scalp de leur ennemi bien connu « Pa-he-lias-Ka » (l'éclaireur aux longs cheveux), fut bientôt distancée, à tel point qu'à trente kilomètres du fort, elle avait complètement renoncé à la poursuite.

Cette course, célèbre dans les annales de l'armée fit perdre la vue au vieux Buckskin, mais la gratitude de son maître le fit conserver et entourer de soins affectueux jusqu'à sa mort qui survint quelques années plus tard au ranch de M. Cody, à North Platte.

Buckskin eut des obsèques dignes de lui, et sur son monument funéraire on Lt l'inscription suivante : « Ci-gît le vieux Buckskin Joe, le brave coursier qui plusieurs fois sauva la vie de Buffalo Bill, en le portant sain et sauf hors la portée des balles des Indiens. Mort de vieillesse en 1882. »

« Brigham » était une autre célébrité de même race, et c'est sur son dos que M. Cody gagna son titre indiscuté de Buffalo Bill » en tuant *soixante neuf* buffles en une seule chasse. Ce cheval était si bien initié à la façon de chasser ce gibier que son maître ne lui mettait ni selle ni bride dans la poursuite des troupeaux, abattant la dernière moitié de ses victimes, montant à poil son coursier favori.

Il y a encore nombre d'autres bons et fidèles serviteurs, montés par M. Cody. Il convient cependant de mentionner le « Vieux Charlie » qui durant trois saisons consécutives, en figurant dans les représentations du Wild-West, traversa cinq fois le continent américain, faisant ainsi des milliers de lieues, et ne manquant à aucune représentation. Il avait toutes les qualités qui concourent à faire un « noble coursier ».

Ce cheval a maintenant 17 ans. Il a été dressé par Buffalo Bill, et n'a jamais porté aucune autre personne (excepté cependant mademoiselle Arta Cody écuyère accomplie), et depuis nombre d'années il a participé à toutes les escarmouches, expéditions, courses et chasses de son maître. Il a parcouru toutes sortes de pays accidenté, allant par monts et par mer à travers tous les obstacles sans jamais broncher ni tomber. C'est certainement un cheval merveilleux pour la sûreté de son pied, un second « Buckskin Joe » pour sa force et sa résistance à la fatigue. Nous avons vu que, dans une occasion critique, il avait porté son maître pendant neuf heures et quarante cinq minutes sur un parcours de cent soixante kilomètres. Le cavalier, ses armes et son accoutrement ne pesaient pas moins de cent dix kilog. Ce qui caractérise le plus le « Vieux Charlie » c'est son intelligence extraordinaire qui le fait agir de façon à faire croire qu'il a le don du raisonnement.

Buffalo Bill et Vieux Charlie

Dans les lieux les plus solitaires et les plus arides, comme dans les endroits les plus séduisants pour un cheval, quand son maître le débarrasse de la selle et de la bride, il peut en toute sûreté se fier à son cheval qui ne quitte jamais l'endroit où l'on s'arrête. Aussi s'enveloppant de sa couverture et prenant la selle pour oreiller, il s'endort tranquillement sachant bien que son fidèle compagnon est tout près, et qu'après avoir suffisamment brouté, il viendra se coucher auprès de lui, et s'endormir l'oreille tendue, et qu'à la moindre alerte, il réveillera son maître et le préviendra du danger qui le menace. Bien qu'il fût doué d'un sens très fin pour reconnaître la piste des Indiens et qu'instinctivement il redoutât ces sauvages, jamais ils ne parvenaient à l'effrayer et à lui faire abandonner son maître avant qu'il n'eût sauté en selle. Sous ce rapport il avait les qualités d'un vrai chien de garde.

Il se soucie peu de la charge qu'on lui met sur le dos, lui qui a porté 226 kilog. de viande de buffle, et avec le lariat attaché au pommeau de la selle, il tire aussi bien qu'un cheval ordinaire avec un collier, au point de retenir ainsi le buffle ou le taureau le plus vigoureux. Mais si on essaie de lui mettre un harnais sur le dos, et un collier autour du cou, il montrera prestement comment il sait se débarasser de ce qui lui semble une indignité.

Le vieux Charlie est un magnifique exemple de la docilité de son espèce, et des qualités pratiques qui distinguent l'inappréciable compagnon de l'homme de la frontière, par le sang froid qu'il garde au milieu des scènes absolument étrangères à la plupart de ses congénères, par son empressement à prendre part à la lutte, par exemple dans l'attaque de la diligence, à laquelle il participe sans selle, sans bride, et sans cavalier, retrouvant son maître, restant près de lui durant tout le combat et marquant une grande sollicitude pour sa sûreté, Aussi tous les jours, dans les représentations du Wild-West, justifie-t-il devant le public les éloges que nous lui donnons ici ; dans la grande scène du tir à cheval par Buffalo Bill, il seconde admirablement son maître, pour former un tableau de cavalier et de cheval supérieur à tout ce que la plume du romancier ou, la brosse du peintre ont fait de plus beau.

---

## LETTRES D'ÉLOGES D'OFFICIERS DISTINGUÉS DE L'ARMÉE

DÉPARTEMENT DE LA GUERRE, BUREAU DE L'ADJUDANT-GÉNÉRAL.

WASHINGTON, 10 août 1886.

M. William F. Cody, a été employé comme chef des éclaireurs sous les généraux Shéridan, Custer, Crook, Milés, Carr et autres dans leurs campagnes sur la frontière, contre les Peaux-Rouges ennemis, et en cette qualité a rendu des services distingués et de grande importance.

S. W. DROM, adjudant-général,

5 th., avenue Hôtel, New-York, 29 juin 1887.

.[Copie.]

A l'honorable W. F. Cody, Londres, Angleterre.

Mon cher Cody,

... Comme tous vos autres compatriotes, je tiens à vous faire savoir que la manière dont vous vous êtes conduit et la façon dont vous avez dirigé les affaires qui vous étaient confiées a toujours été pour moi une source de satisfaction et d'orgueil.

Comme j'ai pu en juger, vous vous montrez modeste, gracieux et digne dans tout ce que vous avez fait pour illustrer l'histoire de la civilisation sur ce continent durant ce siècle.

Je suis heureux surtout du gracieux et aimable compliment qui vous a été fait par la princesse de Galles, en montant avec vous dans la diligence de Deadwood sur le point d'être attaquée par les Indiens, et sauvée par les cow-boys.

Ces choses se sont passées de notre temps, mais ne se reproduiront plus.

Il y avait en 1865, autant que je peux l'estimer, environ neuf millions et demi de buffles sauvages dans les plaines, entre le Missouri et les montagnes Rocheuses; tous ont disparu, tués pour leur viande, leurs peaux et leurs os.

Cette disparition semblerait un meurtre, un carnage, si ces bêtes sauvages n'avaient été remplacées par un nombre double d'animaux domestiques.

A cette même date, il y avait environ 165,000 Peaux-Rouges, *Pawnies, Sioux, Cheyennes, Kiowas* et *Apaches* qui tiraient de ces buffles leur alimentation annuelle. Eux aussi sont partis, et ont été remplacés par deux ou trois fois autant d'hommes et de femmes de race blanche, qui ont cultivé cette terre comme un jardin et qu'on peut recenser, taxer et gouverner d'après les lois de la nature et de la civilisation. Ce changement a été salutaire et se complétera jusqu'au bout.

Vous avez pris une époque de l'histoire de l'humanité, et vous l'avez représentée dans le cœur même du monde moderne — Londres — et je sens le besoin de vous exprimer combien vos efforts sont appréciés de ce côté de l'Océan.

Ce drame doit avoir une fin; les jours, les années et les siècles se suivent rapidement, et le drame de la civilisation elle-même aura une fin.

Tout ce que je cherche à obtenir par cette lettre, c'est de vous donner l'assurance que la présence de la reine, de la charmante princesse de Galles, du prince lui-même et du public britannique sont des témoignages de faveur dont le reflet sur l'Amérique brillera dans plus d'une maison ou cabane du pays où jadis vous m'avez guidé si honnêtement et si fidèlement en 1865, depuis le fort Riley jusqu'à Kearney dans le Kansas et le Nebraska.

Sincèrement votre ami,<br>W. F. SHERMAN.

### ETAT DE NEBRASKA

Qu'il soit porté à la connaissance de tous que le sous-signé John M. Thayer, gouverneur de l'état de Nebraska, plaçant une entière confiance en l'intégrité, le patriotisme et l'habileté de l'honorable W. F. Cody, par ces présentes, au nom de, et pour ledit état, le nomme aide-de camp de mon état-major, et lui octroie commission de ce grade, avec le rang de colonel, et l'autorise d'exercer les fonctions de la dite charge conformément à la loi.

En foi de quoi j'ai signé ci-dessous, et y fait apposer le grand sceau de l'État.

Fait à Lincoln, ce 8e jour de mars, A. D., 1867.

John M. THAYER.

Par le gouverneur,

G. LE LAUR, secrétaire d'État.

La lettre suivante accompagnée de la photographie du héros de la « marche à la mer », le général W. T. Sherman, a été reçue par M. Cody.

A l'honorable W. F. Cody,       New-York, 25 décembre 1886.

« Avec les meilleurs compliments de celui qui, en 1866, fut guidé par W Cody en remontant le fleuve Républicain, alors occupé par les Cheyennes et les Apaches dans le territoire de chasse de leurs ancêtres, territoire aujourd'hui transformé en fermes et en ranchs, ce qui est plus en harmonie avec la civilisation moderne, et les souhaits les plus sincères pour le succès des efforts si honorables qu'il fait afin de représenter les scènes de cette époque devant une génération qui n'avait pas encore vu le jour.

W. F. SHERMAN, général.

A l'honorable W. F. Cody.       New-York, 28 décembre 1886.

Cher Monsieur,

Me souvenant des nombreux incidents qui se produisirent pendant que j'étais adjudant-général de la division du Missouri, sous le général Sheridan, et considérant votre capacité, votre fidélité et votre audace comme guide et éclaireur à travers la contrée qui s'étend entre le Missouri et les Montagnes Rocheuses, je constate avec plaisir votre succès dans la reproduction de la vie d'autrefois dans l'Ouest.

Très sincèrement votre Jame FRY,<br>assistant adjudant-général, major général, par brevet de l'armée des États-Unis.

### QUARTIER GENERAL, ARMÉE DES ETATS-UNIS.

Washington, D. C. 7 janvier 1887.

M. William F. Cody a servi comme éclaireur sous mon commandement de la frontière de l'Ouest pendant plusieurs années. Il est toujours prêt pour le service. C'était un homme de sang-froid et de bravoure, d'une conduite irréprochable. C'est avec plaisir que j'atteste élogieusement les nombreux services qu'il a rendus à l'armée, où il est estimé et respecté pour ses qualités viriles.

P. H. SHERIDAN, lieutenant général.

A l'honorable W. F. Cody.       Los Angeles, Californie, 7 janvier 1887.

Cher Monsieur,

Ayant vu votre grand spectacle à Saint-Louis et à New-York, je désire vous féliciter sur le succès de votre entreprise. J'ai été vivement impressionné par ces représentations variées et vivantes des scènes de l'Ouest, par la perfection du tir et l'admirable correction des cavaliers. Vous ne représentez pas seulement les nombreux traits intéressants de la vie de la frontière, mais aussi les difficultés et les dangers que ces intrépides pionniers de la civilisation eurent à surmonter. La vie sauvage du Peau-Rouge sera bientôt une chose du passé; vous paraissez avoir fait un excellent choix de types pour représenter cette race, et je considère votre exhibition, non seulement comme très intéressante, mais très instructive au point de vue pratique. Vos services sur la frontière furent inappréciables.

Avec mes meilleurs souhaits pour vos succès, je suis sincèrement votre,

Nelson A. MILES,<br>brigadier général, armée des Etats-Unis.

## C'EST LE ROI DES ÉCLAIREURS.

Quartier général ; service du recrutement de cavalerie.

SAINT-LOUIS, Mo, 7 mai 1885.

Au major général M. BURR.

Cher Monsieur,

C'est avec beaucoup de plaisir que j'affirme que pendant mon existence de près de trente ans sur les prairies et dans les montagnes, j'ai vu un grand nombre de guides, d'éclaireurs, de chercheurs de piste et de chasseurs, et que Buffalo Bill (W. F. Cody) en est le roi à tous. Il a été sous mes ordres dans sept combats contre les Indiens, et ses services sont inestimables.

Avec beaucoup de respect vôtre,

Eugène A. CARR, major général, par brevet, armée des États-Unis.

### ACADÉMIE MILITAIRE DES ÉTATS-UNIS.

WEST-POINT N. Y. 11 janvier 1887.

J'ai connu W. F. Cody (Buffalo Bill) depuis bien des années. C'est un des meilleurs types des hommes de l'Ouest ; il réunit toutes les qualités d'initiative, d'audace, de bon sens, de patience et de résistance qui le rendent supérieur à tous les éclaireurs que j'ai connus. Au milieu du danger il restait calme et se possédait entièrement ; ses rapports étaient toujours exempts d'exagération. C'est un gentleman, dans la saine acception du mot, signifiant caractère. On peut se fier à lui en toutes circonstances. Je lui souhaite du succès.

W. MERRITT, major général, par brevet, armée des États-Unis, ex-major général des volontaires.

Omaha, Nebraska, 7 janvier, 1887.

L'honorable W. F. Cody.

Cher Monsieur,

J'ai bien du plaisir à témoigner des services très efficaces rendus par vous « comme éclaireur » dans la campagne contre les Indiens Sioux, pendant l'année 1876 ; et aussi de votre Wild-West Ehibition, que je considère comme le spectacle le plus remarquablement exact et réaliste que j'ai jamais vu.

George CROOK, brigadier général. Armée des États-Unis.

WASHINGTON D. C. 8 février, 1887.

M. Cody était premier garde et chasseur sous mon commandement dans le district de North Platte, et il a rempli toutes ses fonctions avec une supériorité marquée.

W. H. ESNORY, major général, Armée des États-Unis.

Quartier général, 7e cavalerie, Fort Mead, territoire de Dakota.

14 février, 1887.

Mon cher Monsieur, votre carrière militaire sur la frontière, et votre entreprise actuelle pour dépeindre les scènes de la vie du Far-West ont été approuvées et louées avec tant d'enthousiasme par le peuple américain, ainsi que par les hommes les plus marquants des États-Unis qu'il ne me reste plus rien à dire. Je suis assuré que votre nouvelle entreprise aura beaucoup de succès.

Avec mes meilleurs souhaits, je suis sincèrement votre

James W. FORSYTH colonel, 7e cavalerie.

Jersey City, 405 avenue Berger, 7 février, 1887.

L'honorable W. F. Cody.

Mon cher Monsieur,

Je vous reconnais exactement et avec le plus grand plaisir comme le véritable « Buffalo Bill ». Éclaireur des États-Unis, ayant servi avec les troupes qui opéraient dans les prairies contre les Indiens hostiles, en 1868. Je parle d'après ma connaissance personnelle, et d'après les rapports d'officiers auprès desquels vous avez acquis votre renommée par vos services d'éclaireur et de chasseur habile. Votre séjour sur la frontière à une époque où elle était sur le continent américain une région sauvage et peu habitée, vous permet de dépeindre parfaitement la vie à laquelle vous avez participé personnellement, comme pionnier, comme adversaire de l'Indien, et comme homme de la frontière.

Vous souhaitant beaucoup de succès, je suis avec respect votre

H. C. BANKHEAD, brigadier général. Armée des États-Unis.

Hôtel Richmond, WASHINGTON D. C., 9 janvier 1887.

W. F. Cody (Buffalo Bill) était avec moi dans les temps passés, lorsque je commandais un bataillon du 5e cavalerie, dans ma campagne contre les Sioux. Il s'acquitta de sa fonction en toutes occasions avec une bravoure, une compétence et une intelligence qui lui valut l'admiration et le respect des officiers, et du chef des éclaireurs du département.

Tous ses succès ont été dirigés par les principes les plus honorables.

W. B. ROYALL, colonel 4e cavalerie, armée des États-Unis.

Quartier général, 1er cavalerie, FORT CUSTER, M. C.

Souvent je me rappelle les inestimables services que vous avez rendus au gouvernement, ainsi qu'à moi-même, à une époque déjà éloignée, surtout au moment des complications Sioux, quand vous étiez attaché à mon commandement comme chef des éclaireurs. Votre fermeté indomptable, l'instinct inexplicable qui vous permettait de découvrir les pistes des Indiens, surtout la nuit, malgré l'orage et les ténèbres, votre force physique pour endurer les fatigues dans la poursuite de l'ennemi, et votre courage inflexible en toute occasion, ne vous ont pas seulement gagné mon estime et mon admiration, mais celle de tout le commandement.

Avec mes meilleurs vœux pour votre succès, je suis toujours votre vieil ami,

N. A. M. DUDLEY, colonel, 1er cavalerie, brigadier général par brevet. Armée des États-Unis.

TALLAHASSÉE, Floride, 12 janvier 1887.

L'honorable W. F. Cody. — J'ai beaucoup de plaisir à vous recommander au public, comme homme jouissant d'une haute réputation dans l'armée en qualité d'éclaireur. Personne n'a jamais montré plus de bravoure dans les prairies de l'Ouest que vous-même. Je vous souhaite bien du succès dans votre projet de visiter la Grande-Bretagne.

Votre obéissant serviteur,

John H. KING,

Major général par brevet. Armée des États-Unis.

## LE TIR PRATIQUE « TOUT AU TOUR » A LA CARABINE

A l'encontre de tant de tireurs de fantaisie qui se sont montrés au public dans ces dernières années, Buffalo Bill est ce que l'on peut appeler un « tireur pratique » dans toute l'acception du mot, ce qui le fait considérer comme un tireur « tout au tour » merveilleux. Cela veut dire que c'est un homme dont le tir, dans une occasion critique quelconque, est d'une précision mortelle, soit qu'il tire avec un Derringer, un Colt, un fusil ordinaire, une carabine, un tromblon, ou un rifle, en face de tout ennemi, Peau-Rouge ou blanc, à la

chasse d'un gibier quelconque, depuis le perdreau et le lièvre, jusqu'à l'antilope, le daim, le buffle, l'ours et l'élan, depuis les oiseaux au vol rapide, jusqu'à l'aigle planant dans l'azur. — Et cela à pied, dans n'importe quelle posture, ou à cheval courant à fond de train.

Une telle précision de tir ne peut être que le résultat d'une longue expérience de plusieurs années, alors qu'à tout moment s'imposait la nécessité d'exercer instantanément toutes les facultés dans la mesure des distances et dans la justesse du coup d'œil, d'avoir, en un mot, un œil d'aigle et des nerfs d'acier, pour prendre une décision rapide, tirer et tuer. Ce sont ces qualités qui lui ont valu les éloges enthousiastes d'officiers, d'amis du sport, et des chasseurs, ses compétiteurs, ainsi que le respect et la crainte qu'il inspirait à ses implacables ennemis les Peaux-Rouges. S'il est encore en vie aujourd'hui, c'est grâce à cet entraînement spécial qui a fait de lui un homme capable de se dominer dans les circonstances les plus impérieuses, et de faire face aux exigences du moment de quelque nature qu'elles fussent, et, par le sang-froid et la précision, de s'assurer la victoire ou champ de la lutte, et d'embellir l'histoire de nombreuses actions d'éclat. M. Cody montrera son habileté en tirant sur des objets jetés en l'air, pendant qu'il passe au triple galop de son cheval, et en exécutant des difficultés qui lui vaudraient des applaudissements, même s'il les accomplissait à pied, et qui ne peuvent être bien appréciées que par ceux qui les ont essayées montés sur un cheval à l'allure rapide.

## CODY SAUVE LA VIE A WILD-BILL

« Après une longue marche forcée, au milieu des privations de toute sorte et des souffrances qui les accompagnent, le camp du général Primrose était établi sur le Paludora, mais dans une situation déplorable. Le général Carr arriva à point; les hommes affamés en étaient réduits à se nourrir des carcasses de leurs dernières bêtes de somme. Les déprédations de « Black Kettle » (chaudron noir) avaient, en quelques semaines, rendu une poursuite nécessaire... Le détachement renforcé débusquait les Indiens des rives de

Cimarron, où se livra une bataille acharnée. Dans ce combat, « Buffalo Bill » et « Wild-Bill » à eux seuls remplirent presque l'office d'un régiment. Jamais on n'a vu, sur un champ de bataille deux combattants plus braves qu'eux ; ils paraissaient invulnérables.

Après la première charge, dans la fureur de la lutte et de la déroute, Wild-Bill poursuivit et parvint à atteindre « Black Kettle » grand chef des Cheyennes, qu'il tua de sa main. Mais cet acte héroïque lui aurait fait perdre la vie, si Buffalo Bill, avec son audace impétueuse, ne s'était précipité à son secours au milieu de cinquante Indiens avides de sa capture ou de sa mort. Ces deux intrépides éclaireurs s'élancèrent furieusement au milieu des Indiens, et s'ouvrirent littéralement un chemin à travers la masse houleuse des Peaux-Rouges, laissant derrière eux comme un sillage de cadavres. De tels combats, l'intrépidité merveilleuse de ces deux cavaliers accomplis, n'ont jamais été égalés, et ce fait seul suffirait pour inscrire leur nom sur le bronze de l'histoire. »

(Histoire de Buel).

Victimes d'une tempête de neige, privés de guides, dans les prairies.

## LE DUEL AVEC YELLOW HAND (MAIN JAUNE)

Tandis que les généraux Merritt et Carr, guidés par Buffalo Bill, opéraient avec tant de succès contre les tribus hostiles, la nouvelle de la destruction complète de la troupe conduite par le brave Custer, arriva d'abord de source indienne, puis, fut confirmée par des récits plus authentiques. À la suite de cet accident, les Indiens devinrent si audacieux, si bravaches, et si incommodes par leurs déprédations que parfois, dans l'emportement de leur courage fougueux, ils oubliaient leurs précautions habituelles. Leur farouche orgueil était aussi irritant que la douleur causée dans l'armée par ce désastre imprévu. Cependant on reprit bientôt confiance, et les désirs de vengeance furent satisfaits par un incident qui arriva le 17 juillet 1876, à War Bonnet Creek, où notre éclaireur favori se couvrit d'une gloire impérissable en abaissant, en combat singulier, la prouesse tant vantée des sauvages.

En même temps que la nouvelle de ce désastre, une dépêche du colonel Gouton, du 5e cavalerie, avisait le général Merritt que huit cents guerriers Cheyennes avaient quitté l'agence du « Nuage-Rouge » pour aller rejoindre le chef « Sitting Bull ». (le taureau assis) » sur la « grande Corne », et l'invitait à se joindre aux forces du général Crook, au fort Fetterman.

Au lieu de suivre à la lettre ces instructions, le général Merritt résolut, avec Buffalo Bill comme chef des éclaireurs, de couper les Cheyennes, résolution très louable et qui fut pleinement justifiée par le succès.

Choisissant cinq cents de ses meilleurs hommes et chevaux, le général fit une marche forcée sur la crique de « War Bonnet » qu'il savait devoir être traversée par les Indiens, sur un point qu'il espérait atteindre avant eux.

Le 17 juillet, le détachement atteignit la crique, et Buffalo Bill fut envoyé en avant, pour savoir si les Cheyennes avaient déjà traversé le fleuve. L'éclaireur, n'ayant pas trouvé de piste, continua ses recherches un peu plus loin, et fut récompensé de sa persévérance par la vue d'une importante force d'Indiens arrivant du Sud.

Bill se replia aussitôt vers le camp pour informer de sa découverte le général Merritt. Immédiatement la cavalerie reçut l'ordre de se mettre en selle, tandis que Bill et le général s'avançaient pour faire une reconnaissance.

En se plaçant sur un tertre élevé, ils aperçurent, à l'aide de leur lunette d'approche, les Cheyennes qui se dirigeaient vers le camp du général. Bientôt on vit un parti considérable d'Indiens se détacher du reste de la troupe pour prendre, en une course furieuse, la direction du Nord. Bill, scrutant l'horizon pour découvrir la cause de ce mouvement, aperçut des soldats montés, évidemment des courriers, qui s'efforçaient d'atteindre le camp du général Merritt.

Afin de ne pas dévoiler aux Indiens la présence du régiment, Bill suggéra au général l'idée d'attendre

que les courriers fussent plus rapprochés du camp, et quand les Indiens qui les poursuivaient seraient plus éloignés du corps principal, de fondre sur eux à la tête des éclaireurs, afin de les couper et de les faire prisonniers.

Le général Merritt ayant approuvé l'idée de Bill, celui-ci retourna au camp, y choisit quinze hommes, et se hâta de se remettre avec eux en embuscade pour attendre l'ennemi.

Quelques instants après, les courriers passèrent au triple galop suivis des Indiens qui n'étaient pas à plus de deux cents mètres. Bill et ses hommes sortirent de leur cachette et envoyèrent une salve aux Indiens dont trois d'entre eux tombèrent morts; le reste de la troupe tourna bride pour rejoindre le corps principal qui avait fait halte en entendant les coups de feu.

Après quelques moments d'arrêt, les Indiens se remirent en marche, pensant n'avoir affaire qu'à un faible détachement qui ne pouvait offrir beaucoup de résistance. Un autre parti d'Indiens se détacha encore du corps principal et se porta en avant. Bill et ses hommes l'attaqua ; mais les Indiens voyant qu'ils avaient l'avantage du nombre tinrent bon et un combat animé s'en suivit.

Ensuite les deux partis adverses se séparèrent, se plaçant à quelque distance, et tandis qu'ils semblaient calculer la chance d'un combat nouveau, un des sauvages, richement vêtu des ornements d'un chef, et armé d'une carabine Winchester, s'avança de quelques mètres au devant des siens, et fit le discours suivant, en s'adressant à Buffalo Bill qu'il avait déjà vu et dont il avait beaucoup entendu parler :

« Moi, vous connaître Pa-he-has-ka. (Longs cheveux, en indien Peau-rouge) vous grand chef tuer beaucoup d'Indiens ; moi, grand chef tuer beaucoup de visages pâles ; venez maintenant combattre moi ! »

C'était bien là un défi direct, et Buffalo Bill n'était pas homme à reculer. Ce n'était pas la première fois qu'il en recevait. Il cria donc en réponse au chef.

« Je me battrai avec vous ; venez ! Que les Indiens et les hommes blancs se tiennent à l'écart pour voir le chef Rouge et Longs cheveux se battre à la carabine. »

C'était là quelque chose de tout à fait nouveau, et tellement émouvant que les troupes s'avancèrent jusqu'à une position qui commandait la vue du champ du combat, tandis que les Indiens en faisaient autant de leur côté.

Quand tout fut prêt, Bill s'avança à cheval vers son adversaire, d'environ cinquante mètres ; alors tous deux fondirent l'un sur l'autre. Lorsqu'ils ne furent plus séparés que d'une trentaine de mètres leurs armes furent simultanément déchargées. Le cheval de l'Indien tomba mortellement frappé par la balle de Buffalo ; mais au même moment le cheval de celui-ci mit le pied dans un trou et culbuta. Les deux adversaires se trouvèrent ainsi démontés. Bill ne s'était pas blessé dans la chute, et se trouvait sur ses pieds à une vingtaine de pas seulement de son adversaire. Ils tirèrent de nouveau presque en même temps, mais l'Indien n'était pas de taille à lutter avec l'éclaireur ; il manqua son adversaire qui lui logea une balle dans la poitrine. Au moment où le chef Peau-Rouge chancela et tomba, Bill sauta dessus son bowie-knife dans le cœur du guerrier. Par un mouvement habile, il arracha le bonnet de guerre de la tête de sa victime qu'il scalpa fort proprement.

Alors, brandissant le bonnet et la dépouille sanglante de son ennemi, il cria :

« UN PREMIER SCALP POUR CUSTER. »

A la suite de cet acte, aujourd'hui du domaine de l'histoire, le corps principal des Cheyennes fondit sur Bill et l'aurait certainement tué si la cavalerie n'avait pas été suffisamment près pour se mettre en travers avant l'arrivée des Peaux-Rouges.

Le général Merritt donna immédiatement l'ordre à ses troupes de charger l'ennemi, qui fut poursuivi pendant près de cinquante kilomètres vers l'agence du Nuage-Rouge. Arrivé à cet endroit, le général y trouva un millier de mécontents Peaux-Rouges qui délibéraient pour savoir s'ils iraient rejoindre Sitting Bull. Mais ils ne firent aucun acte d'hostilité contre le 5e cavalerie qui était prêt à combattre la tribu entière des Cheyennes.

Au Nuage Rouge, Buffalo Bill apprit que le nom de son adversaire dans le duel à la carabine était « Yellow-Hand » (Main Jaune) fils du « Né coupé », un des principaux chefs des Cheyennes.

* * *

# L'ÉTONNEMENT DES PAWNIES

W. F. Cody, quoique ayant depuis longtemps établi son droit au titre de Buffalo Bill, n'avait pas eu l'occasion, avant l'incident suivant, de convaincre les Pawnies de la légitimité de ce droit. Peu auparavant, une bande de maraudeurs détachés de cette tribu, dans une expédition qu'ils firent pour piller près de Ellsworth, eut occasion de regretter sa témérité et de se souvenir de lui, qui déjà avait fait mordre la poussière à trois des leurs.

Pendant qu'il faisait partie d'une expédition du général Carr, sur le fleuve Républican, il rencontra un jour le major North avec ses éclaireurs Pawnies. On aperçut peu après un troupeau de bisons, et Cody désirait faire partie de la chasse. Mais les Indiens s'y opposèrent, disant au major que le « bavard blanc » ne ferait qu'effrayer le gibier. Soixante-treize Indiens firent la chasse au troupeau dont ils abattirent vingt-trois têtes.

Un peu plus tard, le même jour, on rencontra un second troupeau et le major North insista pour que le chef blanc pût montrer son habileté. Après beaucoup d'objections, les Indiens consentirent, et, tout en dissimulant mal leurs sourires dérisoires, se résignèrent à rester spectateurs.

Qu'on juge de leur surprise en voyant Cody charger le troupeau tout seul et sans le secours de personne, tuer quarante-huit bisons en trente minutes. Il s'attira ainsi leur admiration et gagna leur constante amitié qui lui fut si souvent utile dans la suite.

## LES CHARIOTS DU COLONEL ROYALL

Un jour, sur la branche sud du Salomon, le colonel Royall pria Cody de tuer quelques bisons qui étaient dans le lointain, pour nourrir les hommes de son armée, mais il refusa de donner ses chariots pour porter les produits de la chasse avant que le gibier ne fût tué. Cody se mit à chevaucher autour du troupeau et parvint par ses manœuvres à lui faire prendre la direction du camp en le chassant devant lui; il en tua sept tout près du quartier général, et comme le colonel le disait plus tard en riant : « il tuait le gibier après l'avoir forcé d'être son propre moyen de transport. »

---

## L'ARC ET LES FLÈCHES

L'arc est l'arme naturelle des sauvages de l'Ouest. Avant l'introduction des armes à feu, c'était l'arme indispensable de tout accoutrement de Peau-Rouge; c'était sur cet instrument que l'Indien comptait pour fournir, grâce à son habileté, la viande qui lui était nécessaire pour nourrir sa famille. L'arc est encore très estimé dans les tribus, parce qu'il ne faut pas trop se fier au mécanisme de l'arme du visage pâle; les munitions peuvent s'épuiser, la platine ou la gachette se déranger, et l'on manque de moyens de réparation immédiate. Comme arme économique il a aussi ses mérites; la flèche de chasse a les barbes arrangées de façon à permettre de la retirer facilement du corps du gibier blessé. Mais dans la flèche de guerre, au contraire, les barbes sont disposées pour que l'arme reste dans la plaie pour causer éventuellement la mort. C'est pourquoi, malgré la possession d'armes à feu, la prédilection de l'Indien pour l'arc comme arme de chasse est bien motivée, et quelque riche et bien armé qu'il puisse être, la flèche lui paraîtra toujours indispensable. A courte portée, c'est une arme terriblement efficace, et l'Indien expert peut saisir cinq ou six flèches dans la main gauche et les lancer avec une telle rapidité que la dernière sera déjà en route, alors que la première n'aura pas encore atteint le but. Dans le corps à corps, les Indiens préfèrent l'arc à la carabine, car il peut être d'une force meurtrière à trente ou quarante mètres, et produire une blessure dangereuse à une distance bien plus grande. Dans la chasse au bison où le chasseur peut s'approcher de sa proie, l'arc est très pratique; et l'on voit souvent la flèche pénétrer dans le gibier jusqu'aux barbes. « Deux lances. » Un chef indien qui assistait à la chasse organisée pour le grand duc Alexis de Russie, perça un bison de part en part avec une flèche que le grand duc emporta comme souvenir de cette chasse dans les prairies américaines.

---

# LA CARABINE COMME ENGIN DE CIVILISATION

D'après un dicton bien connu « la plume est plus puissante que le glaive ». Il est également vrai que la carabine est le pionnier de la civilisation, car elle a marché de pair avec la hache qui a sapé la forêt, avec la bible et le livre d'école. Son action a été aussi clémente que meurtrière, aussi créatrice que destructive. Sans la balle de la carabine, nous autres américains nous ne posséderions pas aujourd'hui une patrie libre et unie, puissante dans sa force.

Il en a été aussi dans l'histoire de tous les peuples, à travers tous les âges, depuis l'époque lointaine où David tuait Goliath, jusqu'aux temps modernes, où la science a substitué au caillou lancé par la fronde les terribles projectiles qui décident actuellement du sort des nations. Ce n'est donc pas une expression aussi paradoxale qu'elle paraît à première vue que de dire que la carabine a été le précurseur du développement du peuple américain.

C'est surtout dans les Far-West, et le long de notre frontière occidentale que le rifle a trouvé sa plus

grande utilité; il fait partie du ménage du colon aventureux; il est son compagnon inséparable, son guide, son éclaireur. Nulle part cet instrument n'a été une nécessité aussi grande pour la défense de la vie, du foyer et de la propriété. C'est aussi parmi les chasseurs des prairies et des Montagnes Rocheuses que l'habileté du tir fait l'étonnement de tous ceux qui ne sont pas habitués à l'usage quotidien des armes. Sans cette habileté, sans le coup d'œil vif et sûr, sans un tir juste, sans un grand sang froid dans le moment du danger, la vie dans ces contrées serait bien précaire et l'habitation de l'homme manquerait de toute sécurité.

Il y a aussi des habiletés exceptionnelles, telles que celle de Buffalo Bill, du major North, et de quelques autres dont les noms sont connus parmi les chasseurs de l'Ouest. Ces hommes extraordinaire excellents dans le maniement du rifle et du pistolet qui leur ont plusieurs fois sauvé la vie, et celle de leurs compagnons. Ils sont les dignes successeurs d'une longue ligne de tireurs dont les noms sont sur toutes les lèvres. Qui ne se souvient de David Crocket et de sa carabine meurtrière sur les rives de l'Alamo ? de Daniel Boone, du Kentucky, et des exploits héroïques qu'on lui attribue dans l'histoire de notre pays.

C'est afin de permettre à ceux qui ne connaissent pas la rude vie de la frontière, où la carabine joue un rôle si important, d'être témoin de l'adresse des hommes de l'Ouest, que M. Cody et Cⁱᵉ ont résolu d'introduire dans leurs « peintures réalistes de la vie de l'Ouest » une série d'expériences de tir. On verra la façon de chasser le bison, les chevaux admirablement dressés qui participent à cette chasse si mouvementée, la chasse de l'élan, les ruses des Indiens pour capturer ces animaux si rapides, et tout cela représenté avec une exactitude et une mise en scène comme on n'en a jamais encore vu en Europe.

## LE BUFFALO (BUFFLE)

Le buffle est le vrai bison des anciens. Il se distingue par sa haute stature de 1<sup>m</sup> 80 à 2<sup>m</sup> 13 au niveau de l'épaule, sur une longueur de 3<sup>m</sup> à 3<sup>m</sup> 65 depuis le museau jusqu'à la queue. Beaucoup de personnes croient que le bison n'a jamais habité d'autres pays que l'Amérique. C'est une erreur. Les ossements de ce quadrupèdes se rencontrent dans les couches superficielles du sol européen. Au huitième siècle, les buffles étaient encore connu. en Allemagne. L'homme primitif de l'Amérique trouvait dans cet animal les principales sources de sa subsistance. M.M. Cody et C<sup>ie</sup> ont attaché à leurs exhibitions si instructives un troupeau de ces intéressants animaux,

---

## LA FAMEUSE COURSE A CHEVAL DE CODY

### 571 kilomètres en 58 heures, à travers une contrée hostile

Au printemps de 1868, dès le début de la guerre acharnée contre les Peaux-Rouges, le général Sheridan, de son quartier-général à Hays City, envoya Cody comme guide et eclaireur au Capitaine Parker au Fort Larned. Plusieurs bandes de Pawnies et de Kiowas se trouvaient dans le voisinage et Buffalo Bill, après avoir guidé le général Hazen et une escorte de vingt homme jusqu'au fort Sarah, distant de quarante-huit kilomètres se mit en route pour retourner seul au fort Larned. Au Pawnie Rocher, à environ moitié chemin, il se trouva subitement entouré d'une bande de quarante guerriers. Tout en faisant des professions d'amitié et en échangeant, force salutations de « Hao'! hao! », Bill s'aperçut bientôt qu'il ne parviendrait à s'échapper qu'au moyen de ruse et de stratagème. Amené devant le chef Santanta, qu'il savait devoir s'attendre à recevoir un troupeau considérable de bétail, promis par le général Hazen, Bill se plaignit hardiment à lui de la façon dont il était traité, prétendant qu'il avait reçu ordre de le trouver afin de lui amener le bétail en question. La cupidité du vieux Santanta permit à l'éclaireur de reprendre ses armes et de se remettre en route. Quoiqu'il eût refusé une escorte, il fut suivi, malgré lui, par une douzaine d'Indiens bien montés. Tout en réfléchissant, Cody gagna une dépression de terrain qui le déroba à la vue des Indiens, et il parvint, en pressant sa monture, à les distancer de plus d'un kilomètre avant qu'ils pussent s'en apercevoir. Le résultat et les incidents émouvants de cette course sont ainsi racontés dans « l'histoire authentique des héros des plaines » par J. W. Buel, (page 302).

En voyant fuir l'éclaireur, il n'y avait plus à douter de ses intentions; aussi les Indiens, montés sur d'excellents poneys, se précipitèrent après lui, mus par l'âpre désir d'avoir son scalp. Bill voulait sauver sa chevelure, et les deux partis, poussés par des motifs contraires commencèrent une course furieuse. Après environ cinq kilomètres, Bill vit avec horreur que ses ennemis gagnaient rapidement sur lui. Enfonçant ses éperons dans les flancs de son mulet, il parvint à en augmenter l'allure et à reprendre l'avance.

La chasse continua ainsi jusqu'à Ash Grove, à six kilomètres environ du fort de Larned, et à ce moment, Bill n'avait plus que huit cents mètres d'avance sur les Indiens qui cherchaient à l'avoir à la portée de leurs balles. En atteignant Paconie Fork, il se précipita dans le fleuve, et arrivé de l'autre côté, il fut enchanté de rencontrer, en contournant un bosquet d'arbres, Denver Jim, un éclaireur très connu, accompagné d'un soldat conduisant un chariot vers le fort

Après un moment d'explication, les trois hommes résolurent de se mettre en embuscade. Le chariot fut vite mis sous bois, et les hommes se postèrent avantageusement pour accueillir les Indiens. « Attention ! » dit Bill, « les voici, juste sur ma piste ! ». C'était vrai; et un instant après douze guerriers hideusement peints tournèrent rapidement le coin du bois. Une décharge des trois hommes en embuscade fit mordre la poussière à deux des Indiens. Les autres se rendant compte du danger firent un long détour, et reprirent rapidement le chemin de leur campement.

Le jour suivant environ huit cents guerriers se présentèrent devant le fort qu'ils menacèrent de prendre d'assaut, mais l'énergique attitude de la garnison leur donna à réfléchir, et après avoir tourné autour plusieurs fois, ils s'éloignèrent. Cependant la situation du fort était bien critique à cause du grand nombre de Peaux-Rouges qui effectivement le bloquaient, et le capitaine Parker jugea qu'il était de la plus haute importance d'envoyer des dépêches au général Sheridan pour lui apprendre la situation. Le fort Hays était à cent quatre kilomètres du fort de Larned, et comme le pays fourmillait des pires espèces de « mauvais Indiens » le capitaine Parker avait cherché en vain à trouver quelqu'un qui voulût se charger de porter les dépêches, lorsqu'il s'adressa à Buffalo Bill. Cette expédition n'entrait pas dans les fonctions de Bill, et présentait des dangers capables de faire hésiter l'homme le plus brave ; mais voyant que tous les courriers refusaient ce service, il consentit à s'en charger, à condition qu'on lui laisseraient choisir lui-même le cheval qui devait le porter. Naturellement cela lui fut accordé, et à dix heures du soir, par un orage terrible, le brave éclaireur se mit en route, sachant bien à quels dangers il s'exposait et qu'il aurait à courir les chances de rencontrer de nombreux ennemis, qui, acharnés après lui, feraient tous les efforts possibles pour lui ravir sa chevelure si convoitée.

L'obscurité profonde de la nuit favorisa son entreprise; mais il faillit, près de Walnut Creek tomber en plein camp Indien, ce qu'il redoutait le plus. Heureusement l'aboiement d'un chien lui donna l'éveil, et il évita le danger. Il n'en fut pas moins poursuivi par plusieurs Indiens, guidés par le bruit des pieds de son cheval. Il réussit cependant, à force de ruse et enforçant son cheval, à les dépister ; sans autre encombre qu'une chute de son cheval qui mit le pied dans un trou et roula à terre en entraînant son cavalier, il arriva à fort Hays à l'aube, et remit les dépêches qu'il portait au général Sheridan encore au lit.

Après avoir accompli sa mission, Bill se rendit à la ville de Hays, où il était connu et, s'étant restauré, il se coucha et dormit pendant deux heures. Pensant que le général pourrait avoir à lui demander quelques renseignements sur la situation à Larned, il retourna au fort et se fit annoncer de nouveau. Il fut un peu étonné que le général Sheridan se montrât aussi impatient d'envoyer un messager au fort Dodge, distant de cent cinquante kilomètres, que le capitaine Parker l'avait été de communiquer avec son supérieur au fort Hays, et plus surpris encore que, malgré l'offre d'une récompense de cinq cents dollars (2,500 francs), aucun des nombreux guides et éclaireurs qui se trouvaient au fort, ne voulût consentir à porter la dépêche. Voyant l'embarras du général, Bill lui dit:

« Eh bien mon général, je vais retourner à la ville prendre encore un peu de repos, et si à quatre heures vous n'avez trouvé personne pour porter votre dépêche, je m'en chargerai. »

Le général répondit : « Il m'est pénible de vous demander ce service, car vous devez être fatigué ; mais cette dépêche est de la dernière importance, et il faut qu'elle soit portée par quelqu'un. Je vous donnerai un cheval frais, le meilleur du fort, si vous voulez vous charger de cette mission. »

« C'est entendu, Général ; je serai prêt à quatre heures, » répondit Bill, et il s'en alla à l'auberge ; mais s'y rencontrant avec beaucoup d'amis, et « les libations » étant de première qualité, il n'eut, en fait de repos, que celui que peut donner la société de gais compagnons. A heure fixe, Bill était prêt, et recevant les dépêches des mains du général Sheridan, il monta à cheval et partit pour Fort Dodge. Après son départ il y eut pas mal de discussions parmi les éclaireurs qui venaient de lui souhaiter bon voyage sur la probabilité de son succès, car les Indiens étaient en nombre sur toute la route, et il n'y avait que peu de jours que trois courriers et plusieurs colons avaient été massacrés par eux. Bill continua sa course toute la nuit sans rencontrer d'obstacle, et le lendemain matin à l'aube, il parvenait au gué de Saw Log, à cent-vingt kilomètres de Fort Hays. Là, stationnait une compagnie de cavalerie noire, sous le commandement du major Cox, pour lequel Bill portait une lettre du général Sheridan, le priant de lui fournir une remonte dès son arrivée. C'est ce que le major s'empressa de faire et, après un bon déjeuner, Cody se mit en selle et continua son voyage jusqu'à Fort Dodge, où il arriva sans accident à dix heures du matin, ayant fait les cent cinquante kilomètres en dix-huit heures.

L'officier qui commandait au Fort Dodge, après avoir reçu les dépêches lui dit :

« Je suis bien aise de vous voir Cody, et je puis vous assurer que la course que vous venez de faire est une des plus heureuses que je connaisse. C'est un miracle que vous ayez pu passer sans avoir la peau criblée de balles. Les Peaux-Rouges fourmillent tout autour d'ici à quatre-vingt kilomètres, et sortir volontairement du fort est presque un suicide. Depuis plusieurs jours, je voulais envoyer un courrier au Fort Larned, mais la route est tellement dangereuse que je ne saurais blâmer le plus brave de s'y refuser.

« Eh bien ! Major, je crois qu'il me serait possible d'atteindre Larned ; et de fait j'ai besoin d'y retourner, et si vous voulez me fournir un bon cheval, j'essayerai de faire parvenir votre message ».

« Je ne pense pas qu'il soit prudent de partir maintenant », dit l'officier, surtout sous le coup de la fatigue d'une aussi longue course à cheval. D'ailleurs, en fait de monture, je n'ai en ce moment à vous offrir qu'un mulet de transport.

« C'est bien, major, faute de mieux je me contenterai de cela. Je vais me reposer un peu, et pendant ce temps donnez l'ordre de bien bichonner le mulet afin qu'il soit en état de filer comme un éclair si les Peaux-Rouges se mettent après nous. »

Bill se retira, et après avoir « liquidé « (bu) à la vrai façon de l'Ouest, il alla dormir jusqu'à cinq heures du soir, puis s'étant restauré et ayant empli son bidon, il enfourcha son mulet et se mit en route pour le Fort Larned, distant cent quatre kilomètres à l'Est du Fort Dodge.

En arrivant à Coon Creek, à près de moitié chemin, Bill mit pied à terre pour boire de l'eau. Tandis qu'il se baissait, son mulet effrayé de quelque bruit, par un écart subit, se dégagea de sa bride que tenait son cavalier, et s'échappa pour continuer sa course vers le terme du voyage, laissant l'infortuné éclaireur qui le suivit en maugréant et geignant pendant plus de cinquante kilomètres. Ce ne fut que tout près du fort que Bill arriva à portée de carabine de cette bête agaçante qu'il envoya paître dans les pâturages éternels par une balle bien dirigée.

Après être arrivé à Larned — portant lui-même la selle et la bride de son mulet — Buffalo dormit plusieurs heures d'un sommeil réparateur, et lorsqu'il s'éveilla il trouva le général Hazen cherchant à décider quelques courriers à porter ses dépêches au général Sheridan, au Fort Hays. Après avoir été chaudement et très justement complimenté pour les longues et périlleuses courses qu'il venait de faire, Bill offrit de nouveau ses services pour se rendre au Fort Hays. D'abord le général refusa, disant que ce serait par trop abuser de sa bonne volonté, qu'il avait déjà supporté des fatigues capables de tuer un homme ordinaire, et que ce serait mal agir de lui permettre d'entreprendre ce nouveau voyage.

Mais quand le soir arriva, comme on ne trouvait personne pour cette dangereuse mission, en dernier ressort on fournit un bon cheval à Buffalo Bill et les dépêches lui furent confiées. Il faisait nuit lorsqu'il se mit en route ; le lendemain à la pointe du jour, à Fort Hays, il remettait ses dépêches. Le général Sheridan fut profondément étonné de revoir Bill au bout d'un temps si court, et après s'être fait rendre compte de ses merveilleuses courses à cheval, accomplies en trois jours, déclara que jamais un tel fait n'avait été égalé. Le général affirme qu'aucun autre homme ne pourrait parcourir les mêmes distances dans les mêmes circonstances. Les parcours ainsi effectués et rapportés ici ont été dûment constatés comme les plus remarquables qui aient jamais été accomplis.

La distance parcourue a été de *cinq cents soixante et onze kilomètres* en *cinquante-huit heures à cheval* en y comprenant *cinquante six kilomètres* de marche forcée à pied, ce qui fait en moyenne 9 kilom. 1/2 à l'heure. Quand on considère que tout ce parcours a été fait la nuit, à travers un pays fourmillant d'ennemis féroces, sans route à suivre, ni de ponts pour traverser les fleuves, cela paraît presque incroyable ; mais le fait est confirmé par des témoignages irrécusables, et qu'il est facile de contrôler.

Le général Sheridan fut si favorablement impressioné de l'esprit d'abnégation et des forces d'endurance merveilleuses de Buffalo Bill, dont il connaissait d'ailleurs la réputation de bravoure, qu'il fit appeler l'éclaireur en son quartier général dès qu'il eut dépouillé les dépêches qu'il venait d'apporter, et lui dit:

« Cody, je viens d'ordonner au cinquième cavalerie de marcher contre la tribu des « Dog Soldiers » (soldats chiens), qui actuellement terrorisent le district du fleuve le Républicain, et comme cette campagne sera très importante et que j'ai besoin d'un homme de premier ordre pour accompagner l'expédition, je vous ai nommé le guide, et en même temps *Chefs des éclaireurs du commandement.*

---

## SUR UN MUSTANG

### Par l'Éditeur des « Épluchures du Texas »

La plupart des poneys du Texas *boucquent* ou *tanguent*, comme on dit, chaque fois que les circonstances leur permettent de faire parade de cette facétie. Il y en a même qui boucquent pendant des heures entières ne s'arrêtant que pour prendre haleine. C'est un exercice à recommander aux dyspeptiques et à ceux qui sont atteints d'une maladie de foie. Un mustang boucquant, quand il s'applique sérieusement à son affaire est le spectacle le plus émouvant ou plutôt le plus mouvant que l'on puisse voir. Son échine semble être en fanon de baleine, et il paraît réunir en lui tous les éléments d'une chaudière qui éclate, d'un marteau-pilon à haute pression, d'un tremblement de terre, ajoutés à l'agitation d'une élection générale.

Nous fûmes heureux de constater que nos montures n'étaient pas des poneys boucquants, et nous nous en étions mutuellement félicités. Naturellement, disions-nous, s'ils avaient ce vice, ils nous l'auraient fait voir dès le commencement du voyage. Aussi n'avions-nous aucune crainte. Je baptisai mon poney « Délibération », et cette appellation semblait bien appliquée. Ni pompe, ni apparat chez lui. Il était tout gentillesse et tranquillité; rien ne paraissait le troubler. On pouvait abandonner les rênes sur son cou pour frotter une allumette sur le pommeau de la selle. Je dis qu'on le *pouvait*, mais on ne devait plus se préoccuper de l'allumette ; on avait bien autre chose à faire. Je regrette d'avoir à le dire, car j'eus occasion d'en faire l'expérience. J'allumai une allumette, du moins je crois l'avoir fait, mais dans ce qui se passa ensuite, il y a une telle confusion d'idée que je ne suis pas bien sûr d'avoir produit du feu. Je me souviens distinctement que j'ai frotté l'allumette, mais au même moment je me sentis projeté en l'air, où, entraîné dans un tourbillon, je tournai onze fois sur moi-même. En retombant un marteau-pilon m'enfonça l'estomac, et j'arrivai à terre avec la sensation — autrement intense, — de celui qui croyant s'asseoir sur un siège élevé tombe à environ deux mètres plus bas. Du coup j'entrevis des constellations de voie lactée que je n'avais vues encore. Pour la première fois je compris combien la terre est solide et dure, et je fis l'étonnante découverte que notre planète en certaines circonstances, au lieu de faire une révolution sur son axe en vingt-quatre heures, peut se précipiter avec une vitesse de cent révolutions à la minute.

Il n'existe pas dans toutes les langues anciennes ou modernes de termes assez expresifs pour décrire mes sensations, la quantité de boue sur ma personne ou le chaos de mon cerveau. Dès que la terre fut revenue à la vitesse ordinaire de sa rotation diurne, j'arrivai à conclure qu'il ne fallait pas juger sur les apparences. Je m'étais trop hâté de gratifier mon coursier erratif d'un sobriquet de distinction. Il n'y avait pas plus de *délibération* en lui que n'en possède une puce fugitive activement recherchée par une femme décidée. Je le rebaptisai ; cette fois je l'appelai « Delai », parceque le Delai est... mais il importe peu.

Au premier abord cette raison est faible ; mais si le lecteur parvient à déchiffrer cette énigme j'espère qu'il seraassez bienveillant pour m'accorder des circonstances atténuantes en faveur de sa perpétration. Il y a des moments d'épreuve pour l'âme humaine. Il y a des moments où l'on voudrait, ne fut-ce que pendant cinq minutes pouvoir s'affranchir du droit social pour excercer soi-même la justice. Tel était pour moi le moment critique où je ramenai ensemble mes débris contusionnés, et jetant mes regards autour de moi, je vis le joyeux « Delai » broutant paisiblement, tandis qu'à quelques pas plus loin, le docteur juché sur son poney souriait plaisamment et sifflait un air de valse pour me narguer.

---

## EN TOUT POINT UN HOMME DE LA FRONTIÈRE

### La suprématie de Buffalo-Bill dans les jeux comme dans le travail

La vie sous la tente en campement conforme à ce qu'on voit dans le For-West, avec sa population mêlée de Peaux-Rouges, d'éclaireurs, de Cow-Boys et de Mexicains qu'on voit maintenant dans la plaine de Neuilly, fournit une étude complète, surtout si le visiteur a le privilège de s'y rendre pendant les heures où, dans l'abandon de la vie journalière, avant l'arrivée de la foule des spectateurs, la petite communauté se livre sans façon à ses amusements et à ses rapports de sociabilité selon les mœurs du Far-West. C'est alors que son chef aimé connu dans le roman comme le chevalier des prairies et parmi ses familiers sous le titre plus énergique et plus durable de « Buffalo-Bill » se voit sous son aspect le plus original. Elevé sur la frontière, il a passé par chaque grade et a conquis sa renommée dans toutes ses spécialités ; exceller en une seule serait un titre suffisant à une célébrité dont se contenterait le plus ambitieux. En un mot, il y règne en maître bien-aimé, et jouit auprès de ses compagnons d'une considération supérieure à sa popularité. Le visiteur matinal le trouve prenant part à tous les jeux, espiègleries et luttes, et cela toujours d'une façon victorieuse. Au tir, à la course, dans les tours de force et d'agilité, à cheval ou dans le maniement de quatre ou six chevaux, même vicieux, il est le rival heureux de chacun dans son genre, sans faire sentir sa supériorité, mais avec une modestie généreuse qui lui gagne l'admiration des vaincus.

Un jour, devant les spectateurs, lorsque le gros buffle taureau menaçait de donner à la représentation plus d'animation qu'il ne fallait, et que l'un des lanceurs de lasso venait de manquer son coup au moment critique, Cody se précipita à cheval, et par un de ces efforts que l'urgence d'une circonstance imprévue peut seule faire produire, il lança son lasso à l'instant décisif, attrapant la cheville droite de derrière de l'animal en fureur et le coucha sur le flanc, ce qui lui valut une ovation du public et les applaudissements nourris des Mexicains, des Cow-Boys et des Indiens.

Pour célébrer son triomphe Buffalo Bill saisit le long fouet d'un de ses bouviers et le fit claquer de si belle façon qu'on croyait entendre le crépitement d'une mitrailleuse, et qu'un des assistants, vieux troupier qui avait fait la campagne contre les Indiens, sous le général Custer, s'écria dans son enthousiasme ; « Je l'avais bien dit, Buffalo-Bill est en tout point un homme de la frontière. »

D'après le « *Boston Herald* », le général Dave Cook, de Denver (Colorado) dit : « Après avoir parcouru le pays dont il a amené tant de représentants, après avoir visité les établissements des Indiens dans le désert, avoir monté les chevaux des prairies, et aidé les Cow-Boys à surveiller et à prendre au lasso les bœufs sauvages, après avoir été arrêté et forcé de descendre d'une diligence dans le Far-West, nous pouvons affirmer que la reproduction à nos portes, d'événements qui se sont produits à des centaines de lieues, est d'un réalisme surprenant. C'est le Wild-West en réalité.

« Ce n'est pas un spectacle, c'est une résurrection ou mieux une reproduction fidèle des épisodes les plus mouvementées de la vie de l'Ouest, qui permet à tout le monde de voir, de comprendre et de se rendre compte, pour ne plus l'oublier, de ce que les pionniers de l'Ouest ont eu à surmonter et à vaincre. Nous voyons des tableaux représentant Washington à la vallée de la Forge, traversant le Delaware, le débarquement de Christophe Colomb, la découverte du Mississipi par de Poto, le débarquement des pères pèlerins, la bataille de Bunkers-Hill, la capitulation de lord Cornwallis, etc. Ce sont des représentations, par le burin et la brosse, de grands événements historiques. Mais ici ce ne sont plus des tableaux ; on se trouve en présence de représentants bien vivants, tout à fait authentiques et actuels de la vie de l'Ouest, et tous y ont plus ou moins pris part.

C'est un spectacle émouvant et empoignant au-delà de toute expression.

---

## LA CÉLÈBRE COURSE A CHEVAL DE CODY COMME PORTEUR DE DÉPÊCHES

### HISTOIRE DES PRAIRIES PAR BUELL

Tandis qu'il faisait le service du Poney-Express entre les Buttes-Rouges et les Trois Croisements, une distance de 122 kilomètres, Cody avait à traverser une route extrêmement longue, dangereuse et solitaire, y compris le périlleux passage de la rivière North Platte, de 800 mètres de large, et qui quoique généralement peu profonde, avait en quelques endroits jusqu'à trois mètres soixante-cinq de profondeur, et était souvent débordée et dangereuse. Il fallait faire une moyenne de 24 kilomètres à l'heure, y compris les relais, les détours pour cause de sûreté, et le temps des repas.

Une fois, en arrivant aux Trois Croisements, il se trouva que le courrier de la division suivante, dont l'étape était de 138 kilomètres, venait d'être assassiné la nuit précédente, et on lui demandait de faire ce voyage en plus jusqu'à ce que ce courrier fut remplacé. Ceci lui demanderait les efforts les plus fatigants, et une force de résistance dont peu de gens seraient capables ; néanmoins le jeune Cody se déclara bientôt prêt à partir et, se mettant en route, atteignit Rocky Ridge, la limite de la seconde étape, dans le temps voulu. Cette course entière, de 521 kilomètres, il la fit sans s'arrêter, excepté pour manger et changer de monture, et il arriva à chaque station à l'heure fixée. C'est la plus longue et la meilleure course de courrier express qu'on ait jamais faite.

---

# BUCK TAYLOR

## Le Roi des Cow-Boys

William Levi Taylor, surnommé « Buck » par ses çompagnons, naquit à Fredericksburgh au Texas. Il est âgé maintenant de trente ans.

Les hommes de la frontière se recrutent dans toutes les classes de la société et développent plus tard des qualités inhérentes à leur origine; c'est pourquoi il est rare de rencontrer un homme si bien rompu au métier, et, par naissance et hérédité, si profondément homme de l'Ouest que ce célèbre Cow-boy, dont les éminentes qualités lui ont valu le titre qu'on lui a donné.

Sa famille habitait le Texas, quand ce district, tributaire du Mexique, se souleva pour conquérir son indépendance, sous la conduite de Crockett et du colonel Travis; son grand'père et son oncle furent tués dans l'affaire de l'Alamo; puis, quand à San-Jacinto, sous Sam-Houston, le succès eut couronné les efforts des patriotes en donnant la liberté au Texas, il ne resta plus que deux autres membres vivants de sa famille, son père et son frère, plus jeune que lui. Son père, s'étant enrôlé dans la cavalerie du Texas au début de la dernière guerre, fut tué dans une escarmouche, et, deux ans après, sa mère mourut lui laissant, à l'âge de huit ans, la tutelle d'un oncle, et sa bonne chance pour se tirer d'affaire dans la lutte pour l'existence.

Le Texas, toujours renommé pour ses immenses troupeaux de bœufs errants à volonté sur ses vastes et fertiles plaines, était alors comme il l'est encore, l'entrepôt du commerce du bétail et offrait de grandes facilités à un gamin de bonne volonté.

Mais il fallait avoir et cultiver des qualités spéciales et suivre une carrière de privations, de fatigues et de dangers, carrière dont les aventures, les risques et les vicissitudes exercent un tel charme qu'il se trouve des enthousiastes, nés dans le bien-être et le luxe qui abandonnent tout pour adopter cette existence accidentée, dont ils ne se fatiguent jamais. Taylor n'eut dès sa jeunesse, d'autre ambition que celle d'exceller dans son occupation, et, doué d'une bonne constitution, il devint bientôt un cavalier parfait, habile au lasso et en tout ce qui est du métier de Cow-boy. En peu de temps il put conduire, de vastes troupeaux sur la longue route qui conduit aux marchés du Nord, et il acquit une telle habileté à dompter et à monter le mustang, qu'il vint à être connu depuis l'Idaho jusqu'au Rio-Grande sous le nom de « Buck », titre qu'il a gagné dignement dans une profession assez dangereuse. Dans les représentations, il montre ce qu'on voit dans le *corral*, au milieu d'un troupeau de bêtes obstinées, et mérite bien l'admiration que lui témoignent les spectateurs et le respect de ses compagnons.

Sa dextérité étonnante attira l'attention du major North et de Buffalo Bill qui engagèrent ses services pendant plusieurs saisons sur leur ranch de Dismal-River, où ses tours de force (saisissant un taureau par les cornes et le couchant facilement sur le flanc), son adresse au lasso, son pouvoir de maîtriser les chevaux sauvages, amenèrent son engagement pour les représentations du « Wild West. » Il a 1m 91 de taille, avec un corps puissant et bien proportionné, et doué d'une force merveilleuse. C'est le parfait type du Cow-boy. Avec ça, doux comme un enfant. Ses qualités sociables, ajoutées à ses capacités bien connues, en font le préféré de ses compagnons ainsi que du public.

## LE WILD-WEST DE BUFFALO-BILL A LONDRES

A Londres, il y a deux ans, lors de cette exhibition extraordinaire de la vie sur les frontières du Far-West, l'affluence des visiteurs fut immense. Les estrades étaient bondées de spectateurs bien avant l'heure de la représentation, et la foule circulant dans les autres parties du terrain constituait à elle seule un objet bien digne d'attention. Jamais on n'avait vu un tel spectacle, attirant quelque temps qu'il fît, une foule aussi nombreuse, et, on peut le dire, si émerveillée par la réalité vivante des représentations.

Il n'est donc pas étonnant que le célèbre romancier Mark Twain, après avoir assisté au spectacle de Wild West de Buffalo Bill, pris d'enthousiasme, ait écrit au célèbre éclaireur les lignes suivantes :

« Je viens de voir, deux jours de suite, votre spectacle du Wild West qui m'a causé un plaisir extrême. Cela me rappelait les fraîches brises, la vie libre et accidentée des grandes plaines et des montagnes rocheuses, et me secouait comme un chant guerrier. Jusque dans ses moindres détails, le spectacle est d'une vérité saisissante — les Cow-boys, les Vaqueros, les Indiens, la diligence, les costumes, tout en un mot est exempt de faire semblant et de manque d'exactitude. Les effets que m'ont produits ces représentations sont identiquement les mêmes que ceux que j'ai éprouvés il y a longtemps à la vue de ces mêmes spectacles sur la frontière. Votre courrier express sur son poney avait pour moi hier le même formidable intérêt qu'il y a vingt-trois ans, lorsqu'il passait devant moi comme le vent, apportant d'au delà du désert des nouvelles de la guerre. De même vos chevaux boucquants étaient pour moi d'une réalité pénible, m'étant trouvé une fois sur le dos d'une de ces abominables bêtes pendant un quart de minute.

« On dit souvent de l'autre côté de l'Atlantique que la plupart des exhibitions que nous envoyons en Angleterre ne sont pas distinctivement américaines. Si vous y amenez votre Wild West on ne pourra plus nous faire ce reproche. »

Le Wild West avec son merveilleux ensemble de Vaqueros, de Cow-boys, de chasseurs, de Peaux-Rouges, de tireurs et ses épisodes de la vie réelle du Far-West — la diligence attaquée, — la chasse au Buffle — l'attaque des Indiens contre la demeure du colon et leur défaite — forment, ainsi qu'une foule d'autres exercices, un panorama d'événements qui ne sont que la reproduction d'autant de pages de l'histoire de la frontière américaine.

# LES PEAUX-ROUGES CHEZ EUX

Le campement d'hiver est considéré par le Peau-Rouge, comme son véritable domicile. Les agitations de la guerre, de la chasse, du mouvement incessant sont terminées, et il peut maintenant se livrer aux douceurs d'un repos absolu. Des guerriers expérimentés ont été envoyés dans toutes les directions vers les fleuves préférés de la tribu, pour bien explorer tout le pays. Quand ils sont tous revenus, un grand conseil se réunit. On écoute d'abord les rapports des éclaireurs; puis on les questionne sur ce qui concerne les questions d'abri, de bois, d'eau et de pâturage pour leurs poneys. Comme chaque localité a ses partisans, le conseil discute cette importante question pendant plusieurs jours, expédiant quelquefois, avant de prendre une décision, de nouveaux émissaires pour étudier les avantages d'un certain cours d'eau, sur lequel les opinions sont partagées.

Il ne s'agit pas maintenant de l'emplacement pour un campement durable et compacte, mais de l'abri que peuvent fournir les escarpements de chaque rive du cours d'eau, de la quantité de bois qui se trouve dans la vallée, et surtout des pâturages suffisants pour les poneys pendant l'hiver.

Dès que l'emplacement a été définitivement fixé, tous partent ensemble, chaque famille voyageant à sa guise. Les cahuttes de la suite d'un chef peuvent être éparpillées sur une étendue de plusieurs kilomètres, chacun choisissant à sa convenance les coins abrités par les anfractuosités du terrain ou par des bouquets de bois. Ici se trouve une cabane isolée dans un petit coin, si bien cachée qu'on passe tout auprès sans l'apercevoir ; là, deux ou trois autres trouvent à se caser sous un autre abri, plus loin, d'autres sont protégées par des escarpements, des bois, des méandres de la rivière La question pour chaque Indien est de trouver d'abord un abri contre le vent, puis la commodité pour sa famille et le pâturage nécessaire pendant l'hiver pour ses poneys. Ces questions priment toutes les autres. Viennent ensuite celles qui se rapportent à leur désir de rester les uns auprès des autres.

Par conséquent, c'est en raison de la nature d'un cours d'eau, de ses escarpements et de ses bosquets, et de l'étendue de sa vallée, qu'un campement d'hiver sera resserré ou éparpillé. Un campement de cent cinquante tentes peut n'occuper pendant un hiver, qu'un espace restreint d'un kilomètre et demi ; et l'hiver suivant les huttes de la même tribu seront éparpillées sur une étendue de six à dix kilomètres le long du fleuve. Quelquefois plusieurs tribus amies s'entendent pour occuper la même vallée, formant ainsi un camp immense.

Pour les Indiens en temps de paix, avec la nourriture en abondance, le campement d'hiver est un lieu de liesse permanente. Après les agitations diverses, les succès et les vicissitudes, les fatigues continuelles des longs mois d'activité, la perspective de la tranquillité et du repos de l'hiver, avec la vie domestique, ses joies et ses plaisirs, vient comme un baume bienfaisant, souhaité, apporter le bonheur à tous.

A ceux parmi les guerriers qui ont dépassé l'âge des passions, cette saison apporte les jouissances et les plaisirs que la vie peut encore leur réserver. Leurs journées se passent au jeu, les longues soirées d'hiver en récits incessants de l'histoire de leurs hauts-faits incroyables des temps passés, et les nuits dans le paisible sommeil d'une conscience en repos.

C'est aussi un bon temps pour les femmes. Il n'y a plus à planter ni à démonter la tente ; il n'y a plus de poneys à charger ou à décharger. Elles n'ont plus qu'à chercher du bois et de l'eau, à faire un peu de cuisine, à soigner les ponies, et peut-être à parer quelques peaux.

Aux jeunes gens des deux sexes, mariés ou non, cette saison apporte une suite continue d'amusements et de plaisirs. C'est le moment des danses et des fêtes, des visites et des jeux folâtres, de toutes sortes de parties joyeuses. C'est pour cette saison que le « conteur d'histoires » à préparé et répété ses plus merveilleux récits C'est surtout la saison des amours, où « l'amour régit le camp, » et la femme règne en souveraine.

Sans littérature, sans musique ni peinture comme arts, sans autre étude de la nature que celle qui suffit pour s'assurer les nécessités de la vie journalière, sans connaissance ni soucis de la politique, de la finance ou des mille questions de science sociale ou autres, qui troublent et embarrassent les cerveaux des peuples civilisés, et avec des facultés de raisonnement peu supérieures à l'instinct, les Indiens n'ont aucune idée de la conversation telle que nous la comprenons. On parle beaucoup, mais aucun échange d'idées, ni de comparaison de vues et de croyances, excepté sur les sujets les plus ordinaires. On verra une demie douzaine de vieux sages assis en cercle, se passant tranquillement et gravement le calumet, et absorbés, en apparence dans une discussion de haute importance. Neuf fois sur dix, ils ne s'entretiennent que des menus faits du campement, d'un cheval égaré, d'un poulain malade, d'un daim tué, ou de la piste d'un bison. Les questions sérieuses de guerre ou de chasse sont réservées pour être discutées en loge du conseil.

Pendant la belle saison l'Indien jouit constamment de l'excitation saine de la vie active; en hiver il est en état de léthargie ou sous l'empire d'une excitation factice. Pendant le jour, en hiver, les hommes s'adonnent au jeu ou dorment; les femmes travaillent ou ne font rien selon leur caprice. Mais dès la chute du jour, tout le monde est prêt à prendre part à un amusement quelconque. Quelques coups sur le tam-tam suffisent pour appeler tous les habitants des huttes voisines; la danse et le jeu s'organisent bientôt, et durent souvent jusqu'au matin.

L'incertitude du bonheur humain a été le thème des écrivains les plus éloquents de tous les âges. Le bonheur de chacun est logé dans sa propre nature, et, jusqu'à un certain point, est indépendant des circonstances et du lieu. Ces peuples primitifs démontrent la vérité générale de cette théorie, car ce sont en général des gens habituellement et absolument heureux. Ils jouissent entièrement du présent, n'ont point de soucis de l'avenir et de ses possibilités, et ne se font jamais de mauvais sang pour ce qui est passé. On peut arguer que leur bonheur présent n'est qu'insensibilité, le bonheur de l'animal dont les désirs sont satisfaits. C'est peut-être vrai. Je n'affirme que des faits ; d'autres peuvent en tirer des conclusions. Le Peau-Rouge est impressionable, vif, prend vite ombrage, s'excite facilement, mais quoique ne pardonnant jamais, il ne couve jamais ses ressentiments. C'est là tout le secret de son bonheur,

Bien que les femmes ne soient autre chose que la propriété du mari, la vie domestique de l'Indien peut supporter la comparaison avec celle de la moyenne des communautés civilisées. Le mari, en règle générale, est affectueux; il commande mais sans dureté. Les femmes en général, sont fidèles, obéissantes et travailleuses. Les enfants sont gâtés et font le tourment de tous les visiteurs. Heureusement pour lui, l'homme blanc est encore pour les Indiens l'épouvantail de leur enfance et par conséquent il est tellement un objet de terreur pour eux qu'ils le laissent tranquille. Entre eux, les membres de la famille sont absolument sans gêne et sans contrainte. Il est extrêmement rare que les femmes se querellent entre elles.

Il n'y a aucune sorte de fausse modestie chez eux. Habitant la même pièce, ils sont accoutumés dès leur enfance à des choses qui seraient insupportables à des blancs. Le chef de la hutte revient fatigué de la chasse, se jette sur un lit, et s'endort profondément sans être troublé par le bavardage de ses deux ou trois femmes ni par les ébats de ses enfants qui roulent sur lui. Chacun dans la loge semble faire ce que bon lui semble, sans que cela paraisse gêner les autres en quoi que ce soit.

À l'encontre de sa sœur civilisée, la femme indienne « dans son heure de nécessité suprème », n'a besoin d'être aidée de personne. Elle se révolterait à l'idée d'un homme docteur. Dans la belle saison, la mère future cherche la séclusion d'un bosquet ; en hiver elle se rend dans une loge préparée à cet effet dans chaque communauté. Au bout de quelques heures elle revient au logis avec l'enfant dans son berceau sur le dos, et vaque à ses affaires habituelles comme si rien n'était arrivé.

Les préparatifs pour la guerre ou pour la chasse occupent les heures du campement d'hiver que le noble Peau-Rouge peut distraire aux plaisirs du jeu, de l'amour et de l'ornement de sa personne.

Chaque Indien fabrique lui-même tout ce qu'il ne peut pas obtenir par voie d'échange, dont les occasions ne sont pas nombreuses, les Indiens n'ayant pas encore conçu l'idée de fabriquer des objets pour trafiquer parmi eux.

La selle exige dans sa construction beaucoup de temps et de soins. Quelques Indiens ne parviennent jamais à apprendre à en faire ; elle constitue par conséquent un des articles les plus importants d'échange.

Aucun article ne varie autant en fabrication et en valeur que la bride. Le mors s'achète toujours, et on en voit de tous les modèles selon la provenance, depuis le simple bridon jusqu'à la combinaison compliquée des Mexicains. Quelquefois le tout ensemble ne vaut pas un dollar, une autre fois c'est un objet si patiemment élaboré et richement orné d'argent, que sa valeur peut s'élever à cent dollars.

Les Indiens du Sud ont appris des Mexicains l'art de tresser le crin, et beaucoup de leurs articles sont très beaux et très artistiques, en même temps très solides. Le crin est teint de couleurs différentes et on le tresse sur un bâton moule que l'on retire ensuite de façon à présenter de jolis dessins. Le crin, n'étant pas très solide, sert surtout à faire des têtières. Les brides, qui demandent plus de solidité, sont tressées en plein, avec le même dessin, et prouvent beaucoup d'habileté et de goût.

Le nom de « lariat » (de l'espagnol, riata) est donné par les gens de la frontière et les Indiens à la corde employée pour « picqueter » ou tenir en laisse leurs chevaux tandis qu'ils broutent, et aussi à la lanière dont ils se servent pour capturer les animaux sauvages, le lasso. Les deux paraissent semblables, mais avec une grande différence. Le lasso peut servir à retenir le cheval qui broute, mais le lariat qui sert ordinairement à cet usage ne peut pas être employé comme lasso.

Un bon riata (lasso) exige beaucoup de travail, de soins et de patience dans sa fabrication. Quelquefois il est fait du crin des crinières et des queues de chevaux, mais comme il faut au moins vingt chevaux pour fournir le crin nécessaire à un seul lasso, cela ne peut se faire que dans les endroits où les chevaux sauvages abondent. Le lariat est généralement fait de peau de buffle ou de bœuf, dont on a enlevé les poils, taillée en lanières minces, qui sont tressées avec infiniment de soin et de patience, de façon à ce qu'il soit bien rond et lisse. Un riata de ce genre, quoique coûtant beaucoup moins que celui fait de crin, lui est infiniment supérieur. Il est lisse, rond et pesant, laisse bien glisser le nœud coulant, et a la force d'un câble. Certaines tribus, les Utes par exemple, qui ne peuvent pas se procurer des peaux de buffle ou de bœuf, font des lariats splendides avec de minces lanières de peau de daim tressées ensemble; mais comme ils ne s'en servent généralement que pour attacher leurs chevaux ils sont ordinairement tressés à plat.

La fabrication de ces articles est l'unique occupation de l'Indien pendant l'hiver. Sans autre occupation, sans littérature, presque sans pensée, il mène une existence purement animale.

Depuis l'aube jusqu'au soir, il y a toujours du travail pour la femme du Peau-Rouge. Heureusement pour elle, on ne connaît pas dans les villages indiens un éclairage artificiel permettant de travailler la nuit. Il est vrai qu'elles achètent ou mendient quelques bougies aux postes militaires ou aux trafiquants, mais on les garde précieusement pour les danses et les grandes occasions.

Mais quoique la femme soit esclave, je doute fort qu'on puisse la faire travailler le soir, même en lui fournissant la lumière. La coutume, toujours inexorable, lui viendrait en aide dans ce cas. Dans chaque tribu, la nuit appartient à la femme et, quelle que puisse être l'urgence du travail dont elle s'occupe pendant le jour, dès que vient la nuit, elle met ses plus beaux atours, et se tient à la porte de la loge, guettant de l'oreille le premier coup du tam-tam, qui l'appelle à l'endroit où pour l'instant elle domine en reine.

Il y avait autrefois une exception à cette immunité du travail de la nuit, qui a disparu en même temps que le buffle. C'était à l'époque de « la grande chasse d'automne. » Il n'y avait alors ni repos, ni excuse pour elle. Elle devait travailler à n'importe quelle heure. Si les troupeaux se déplaçaient, le succès de la chasse dépendait de la rapidité avec laquelle les femmes s'acquittaient de leurs fonctions sur un tas de buffles tués. Ces animaux se détériorent très rapidement si l'on ne se hâte pas de les dépouiller, et quoique les chasseurs s'efforcent de régler la chasse de chaque jour sur la capacité des femmes de « déblayer » après eux, ils ne pouvaient pas, dans la nature des choses, toujours faire ainsi.

Une fois le buffle tué le travail de l'homme cessait. C'était le tour de la femme de dépouiller et de découper le corps et souvent lorsque la chasse avait été exceptionnellement heureuse, les femmes étaient obligées de travailler ferme toute la nuit avant d'avoir terminé leur besogne.

La viande, découpée aussi près de l'os que possible, est ficelée dans la peau, et chargée sur les poneys pour être portée au camp.

Les peaux sont étalées, le côté de la chair en haut, sur un terrain uni. On fait de petites entailles vers les bords de la peau, qui est alors fortement tendue et retenue en place par des chevilles enfoncées dans la terre à travers les entailles. La viande est taillée en morceaux très minces qu'on met sur des poteaux ou des tréteaux pour y sécher au soleil.

Il faut que tout se fasse, pour ainsi dire, à l'instant même, car si on ne se hâte d'étendre la peau pendant qu'elle est encore fraîche elle ne pourra plus servir à rien, et la viande se gâte si elle n'est pas séchée aussi vite que possible après la mort de l'animal.

Ce travail actif ne dure que quelques semaines ; le vrai travail ne commence que lorsque la chasse étant finie, la tribu a pris ses quartiers d'hiver, car c'est alors que les ménagères ont à s'occuper de tirer partie de ce que cette chasse a produit.

Quelques-unes des peaux, les plus épaisses, sont plongées dans l'eau, dans laquelle on mélange un peu de cendres de bois, ou quelque alcali naturel. Ceci enlève le poil. On coupe alors la peau à la dimension voulue, et on l'étend sur une forme, sur laquelle on la laisse sécher, et alors non seulement elle conserve la forme donnée, mais elle devient dure comme du fer. On fait ainsi des coffres de différentes formes et dimensions qu'on connaît sous le nom de général de « parflèche ».

Dès que ces coffres sont en état de servir, on y met une couche de viande séchée, réduite en morceaux d'une épaisseur de cinq centimètres environ, et on y verse doucement de la graisse fondue. On y ajoute une seconde couche de viande en morceaux, puis encore de la graisse fondue et ainsi de suite jusqu'à ce que le coffre ou parflèche en soit rempli. On a soin de le maintenir chaud jusqu'à ce que toute la masse soit bien saturée de graisse. Quand il s'est refroidi, on ferme le coffre que l'on ficelle étroitement. Le contenu, ainsi préparé, peut se conserver des années entières. Ce qu'il y a de mieux dans ce procédé c'est que rien n'est perdu, la viande, même des animaux vieux et coriaces, étant rendue par ce moyen aussi bonne que l'autre, à tel point qu'il est fort difficile même de constater la différence. C'est le véritable pain de l'Indien, qui s'en sert lorsqu'il a de la viande fraîche. Bouillie, on en fait une soupe très nourrissante. Tant que l'Indien a de la viande séchée et du pemmican il ne cherche pas d'autre nourriture. Tout le bœuf accordé aux Indiens sur les produits de la chasse et non consommé de suite, est apprêté de cette manière.

La besogne qui vient après est l'apprêtage des peaux. On met les peaux les plus épaisses tremper dans l'alcali, pour fournir les matériaux nécessaires pour fabriquer des boucliers, des selles, des rias, etc. Les peaux employées pour faire ou réparer les tentes sont préparées de la même façon, mais après l'enlèvement du poil, ce qui les rend plus souples, et on les laisse tremper plus longtemps.

Les peaux de daim, d'antilope et d'autres animaux sont admirablement apprêtées pour en faire ces articles d'habillement, le poil ayant toujours été enlevé. Quelques-unes de ces peaux sont travaillées jusqu'à ce qu'elles deviennent aussi minces que et aussi blanches que des étoffes de coton.

Mais l'opération la plus parfaite est la préparation d'une robe de buffle. La peau même de la plus jeune et de la plus grasse vache, dans son état naturel, est beaucoup trop épaisse pour l'usage. Il faut qu'on la réduise de moitié, et qu'elle soit rendue plus douce et plus flexible. Cette opération se fait au moyen d'un outil ressemblant à une herminette, avec lequel la femme amincit la peau en lui enlevant de fins copeaux. C'est une opération très délicate, demandant beaucoup de soins et d'attention, et au moyen de laquelle la peau devient peu à peu aussi fine que possible, douce et flexible, et la surface ainsi travaillée est enduite de cervelle de buffle qu'on étend en la frottant avec une pierre bien lisse.

La peau ainsi préparée est tendue sur un cadre vertical, quand il faut beaucoup de délicatesse d'apprêt. Dans les cas ordinaires elle est tendue par terre. Cette méthode, plus facile, sert pour les robes ordinaires.

La peau est ensuite retirée du cadre, parée, et quelquefois fumée. Elle est maintenant prête à l'usage.

Mais tout ce travail, quoique plus laborieux, n'est que le commencement du travail long et patient que la femme aimante consacre à la robe que son mari doit porter dans les occasions solennelles. Toute la surface intérieure est souvent couverte de dessins artistiquement travaillés, de piquants de porc-épic, ou d'herbes teintes de couleurs diverses. Quelquefois les embellissements sont des peintures. Beaucoup de ces robes élégantes exigent une année pour la confection.

Chaque animal apporté au camp donne du travail à la femme. Le mari apporte un daim et le laisse à la porte. La femme le dépouille, en découpe la viande qu'elle conserve, apprête la peau et en fait des vêtements pour sa famille. Jusqu'à ces dernières années, l'aiguille n'était qu'un os aiguisé ; le fil était en fibres de tendon. On les emploie encore dans l'ornementation des robes, mais pour les autres travaux on emploie maintenant les outils plus civilisés.

Tous les Indiens affectionnent les grains de perle en ornementation, et les vêtements, les mocassins, les couvertures de fusils, les carquois, les fourreaux de couteau, les blagues à tabac et jusqu'aux pochettes et autres petits objets d'ornement, tout est couvert de ces verroteries. Les dessins en sont souvent jolis et artistiques. Pour enfiler ces perles on emploie l'aiguille ordinaire ; mais, exepté pour les articles de vente, le fil dont on se sert est toujours en fibre de tendon.

Ces descriptions d'occupation des Indiens étaient, il y a encore peu de temps, absolument vraies pour le plupart des tribus à l'ouest du Missouri et à l'est des Montagnes Rocheuses, mais il n'en est plus partout de même aujourd'hui, car la civilisation blanche commence à se faire sentir de plus en plus chez elles.

La vie au campement d'hiver n'a guère changé, mais dès les premiers signes du printemps se réveille l'activité, le désir de partir, non, comme dans le bon vieux temps pour faire des razzias, mais par le désir de changer de loge ou de campement d'arriver le premier au lieu qu'il a choisi pour séjour pendant l'été. Dès qu'ils y sont arrivés, tous, hommes, femmes et enfants, se mettent à la besogne comme si ce n'était qu'une partie de plaisir.

Les cinq dernières années, plus que toutes les périodes précédentes, ont convaincu les Indiens de la futilité pour eux de faire la guerre au gouvernement de Etats-Unis. Ils ont tous été complétement battus, et les seuls conflits qui pourront surgir dans l'avenir ne seront que des incursions de bandes de pillards (dont les Indiens en général ne sont pas plus responsables que ne l'est le gouvernement des Etats-Unis des actes des voleurs de grand chemin dans les Black Hills (montagnes noires) ou des brigands qui attaquent les trains de chemin de fer dans le Missouri). Ou bien ce seront des tribus ou des bandes qui ont résolu délibérément de mourir en combattant plutôt que par la torture lente de la famine à laquelle le gouvernement les condamne.

Mais le buffle a disparu, et avec lui presque tous les autres gros gibiers sur lesquels les Indiens pouvaient compter pour leur nourriture. Ils sont renfermés dans des réserves relativement restreintes, et complètement entourées par les blancs. Ils se rendent plus facilement compte des liens étroits qui les enserrent que ne le peut aucun homme blanc, car ils en sentent tous les jours la pression.

Sans chance de succès à la guerre, sans possibilité aucune de se procurer eux-mêmes leur nourriture, ils comprennent parfaitement que leur seul espoir pour l'avenir est dans l'aide et la protection du gouvernement pour l'élevage du bétail, et la culture du sol.

Ils n'aiment pas cela, c'est évident : ce ne serait pas naturel de leur part. Ils l'acceptent comme la la seule et terrible alternative pour ne pas mourir de faim.

L'Indien méprise le travail quand il peut vivre autrement. En cela il n'est que logique, et tout le monde est de son avis. Cependant l'Indien n'a pas plus de répulsion pour le travail comme travail que ne l'a l'homme blanc. Ni l'un ni l'autre ne travailleront sans avoir un objet en vue. Tous les deux travailleront plutôt que de mourir de faim. Autrefois l'Indien pouvait vivre confortablement sans travailler, en menant l'existence qu'il préférait, et s'il avait fait autrement il aurait été un idiot.

Mais aujourd'hui, dans les vastes réserves que ses vainqueurs blancs lui ont allouées avec beaucoup de justice, sans aucune occasion de penser aux émotions, à l'honneur et à la gloire de la bataille, sa vie est changée. Il trouve maintenant qu'il faut planter des haies, labourer la terre et l'ensemencer, et le guerrier sans pareil, « au regard d'aigle », dont le nom, il y a encore peu d'années, était synonyme de terreur, et dont l'attaque était foudroyante, doit apprendre à manier la charrue, et suivre en un mot, « le sentier de l'homme blanc ».

---

## LES NOMS DES PEAUX-ROUGES

Tandis que l'Indien n'a que fort peu d'idées sur l'origine de la création, il a des traditions se rapportant à l'origine des familles. Les uns croient que les hommes proviennent de rapports entre quelque dieu, ou esprit, avec des animaux, des oiseaux, des poissons ou des reptiles, et que la représentation de cet animal ou de ce reptile devient le blason de cette famille. La peau est soigneusement empaillée et ornée, attachée à un poteau, et grandement respectée, étant quelquefois érigée devant la porte ou plantée au haut d'une perche sur le tombeau du chef de la famille après sa mort.

Ce symbole d'honneur et de lignage lui sert de signature. Le fils de l'Indien peut avoir un nom donné par la famille ou un sobriquet donné par ses compagnons, mais quand il grandit et devient un guerrier, il est, pour ainsi dire, rebaptisé, et a le droit de prendre un autre nom se rapportant à ses succès à la guerre ou à la chasse. Le nom adopté représente généralement quelque évènement auquel il a pris une part importante, quelque exploit qu'il a accompli, quelque animal qu'il a tué dans une chasse où il s'est particulièrement distingué.

Ainsi un guerrier qui, aux abois, a repoussé ses ennemis, s'appelle « le taureau debout » ; un autre qui mène une attaque hardie contre un camp ou un village, et emmène une femme ou un enfant, se donne le nom d' « aigle » ; un autre qui s'en va seul, et rôdant autour du camp ennemi, en rapporte des histoires ou des témoignages de rapine heureuse, se nomme « le loup solitaire ». La peinture employée dans toutes ces expéditions a plus ou moins d'importance capitale sur « la médecine » et il n'en oublie pas l'efficacité ; par conséquent beaucoup de ces noms n'indiquent pas seulement l'action, mais la couleur dont il s'est orné.

Donc, les noms les plus ordinaires, chez l'Indien, sont ceux qui indiquent quelque animal ou objet matériel comme surnom, tandis que la couleur dont il s'est décoré fournit le premier, ou ce que nous appelons le prénom, comme le « Jaune Ours », le « Blanc Aigle », le « Noir Castor », le « Rouge Chien », etc., etc.

Mais ces changements de nom, quoique flattant sa vanité, ne sont pas toujours acceptés de ses compagnons, ou de la tribu en général. Même les guerriers les plus en renom ne sont pas à l'abri de la disposition à tourner en ridicule par un sobriquet, disposition que l'Indien possède à un haut degré, et quelque nom ronflant qu'il puisse se donner, cela ne l'empêchera pas d'être connu et distingué des gens de la tribu par un nom totalement différent.

Tout défaut personnel, toute difformité de caractère, ou incident casuel fournissant la base d'une bonne histoire, est avidement saisi pour donner un nom approprié. « Poudre lace », le chef des guerriers des Arrapahoes, a gagné dans des combats héroïques et dans des entreprises téméraires, le droit d'adopter une douzaine de noms ; il est cependant connu de toutes les tribus des plaines, ainsi que des blancs, par le titre qui lui a été donné pour avoir eu la figure terriblement brûlée par une explosion de poudre lorsqu'il était jeune homme. « L'homme effrayé de ses cheveux », un des plus illustres guerriers dans l'histoire des prairies, avant « Rouge nuage » ou le « Taureau assis », reçut ce nom, dit-on, pour avoir, à l'occasion d'une attaque contre son village par des Indiens ennemis, sauvé ses cheveux, tandis que malheureusement sa famille tomba au pouvoir de l'ennemi. — *Trente ans parmi les Indiens », par le général Dodge.*

# MISS ANNIE OAKLEY

## La petite au tir infaillible

Cette célèbre tireuse naquit à Woodland, dans l'Ohio, le 13 août 1866. Depuis sa première jeunesse elle avait un goût naturel pour les armes à feu et la chasse, et à l'âge de dix ans, dès qu'elle trouvait moyen d'avoir quelques cartouches, elle s'emparait clandestinement du fusil de son frère, et partait pour chasser dans les bois où, à cette époque, le gibier abondait ; elle en rapportait au logis ample provision, A l'âge de douze ans on lui présenta comme cadeau un bon fusil de chasse, calibre 14, se chargeant par la culasse. Avec cette arme elle se perfectionna rapidement, et parvint à une telle sûreté de tir qu'elle manquait rarement une caille ou un faisan ;

et à l'âge de quatorze ans elle avait pu purger une hypothèque sur la propriété de son père rien qu'avec la vente du produit de sa chasse et des peaux de bêtes tuées ou prises au piège par elle-même. Sa réputation locale s'établit, et avec de meilleures armes elle se fit mieux connaître et plus au loin. Depuis cinq ans elle se montre en public avec beaucoup de succès, quoique modeste comme elle l'est naturellement elle n'a jamais prétendu au titre de champion. Cependant en 1883-84, Richard K. Fox de New-York avait tant de confiance en son adresse qu'il offrit de parier pour elle contre n'importe quel soi-disant champion. » Sitting Bull » (le Taureau assis), le grand chef indien, après l'avoir vue tirer à Saint-Paul, Minnesota, l'adopta dans la tribu Sioux lui donnant le titre de « Watanya Cicila » ou la petite au tir infaillible.

Dans les deux premières années devant le public elle s'adonna au tir à la carabine et au pistolet, et il y a peu de difficultés dans ce genre qu'elle n'ait surmontées. Une fois, à Tiffin, Ohio, elle atteignit une pièce de dix cents (cinquante centimes) tenue entre le pouce et l'index d'un homme placé à 30 pieds (9 mètres) de distance. En avril 1884 elle prit part au concours de tir de boules projetées en l'air, se servant d'une carabine, calibre 22. La prime fut décernée au D* Ruth avec 979 sur mille mademoiselle Oakley le suivit de près avec 943.

En février 1885 elle essaya d'atteindre 5000 boules en un jour, chargeant ses armes elle-même. Les boules étaient lancées à 13m70 de hauteur par trois projeteurs. Dans cet essai elle se servit de fusils à batterie, calibre 16. Sur les 5000 boules lancées, elle en brisa 4.772. Sur le deuxième mille elle n'en manqua que 16, obtenant la marque la plus élevée, 984 sur 1000. Ce fait eut lieu près de Cincinnati, Ohio, en moins de neuf heures.

Sans compter les milliers d'exhibitions qu'elle a données, elle a pris part à trente et un *matches* et tournois, en remportant vingt-cinq prix. Sa collection de médailles et d'armes-à-feu, toutes gagnées par elle ou qui lui ont été données, est une des plus belles en Amérique.

Elle a chassé dans beaucoup des districts réservés de l'Amérique et du Canada et elle dit avec un orgueil légitime qu'elle a tué des cailles en Virginie, des canards dans l'Illinois, des poules de prairie au Kansas, et des daims dans le nord du Michigan. Son style et sa position de tir sont reconnus comme à perfection même par les meilleurs critiques de l'Amérique et de l'Angleterre. Au tir aux pigeons d'argile elle a marqué 96 sur 100. Sur des pigeons vivants elle a obtenu 23 sur 25 dans un match pour 100 dollars.

Elle s'entend presque aussi bien à manier un cheval, ce qui est prouvé par le fait suivant. Dans l'automne de 1884 un gentleman habitant près de Greenville, Ohio, qui possédait un cheval de valeur, mais très vicieux et non encore dompté, offrit à Mademoiselle Oakley de lui en faire cadeau, si elle parvenait à monter ce cheval en moins de trois jours. Sans aide aucun elle le dressa à la selle dans le temps voulu, et depuis s'en sert toujours tant que ses engagements le lui permettent, faisant parfois des traites de quatre vingts kilomètres en un jour. A la foire de Newton, New Jersey, elle prouva combien elle se connaissait en équitation en gagnant quatre sur cinq courses. Ce qui rend Mademoiselle Oakley encore plus intéressante, c'est qu'elle est de petite taille et ne pèse que 49 kilos.

## MISS LILLIAN T. SMITH

### La jeune Californienne, champion du tir à la carabine

Mademoiselle T. Lillian Smith est née à Coleville, Californie, vers la fin de 1871. Elle n'est par conséquent, que dans sa dix-huitième année. Le pays où elle est venue au monde est très giboyeux, et la supériorité du tir y est aussi prisée que celle en tout art d'agrément dans les plus anciennes localités de nos contrées. Son enfance se passa dans un milieu bien approprié à développer chez elle cette habileté précoce qui a étonné la côte du Pacifique, et qui lui a valu une grande renommée dans toute la région. Là aussi, dès le berceau, l'équitation est familière aux enfants,

et mademoiselle Lillian, étant toute petite, fut souvent portée sur le panneau de la selle. Il n'est donc pas surprenant qu'elle ait commencé à monter à cheval, alors qu'elle pouvait à peine trottiner. A six ans, elle avait une petite arbalète, avec laquelle elle tuait facilement de petits oiseaux, et à sept, elle ne se contentait plus d'un « joujou » et demandait une carabine. Quand elle eut atteint sa neuvième année, son père lui acheta une carabine Ballard, du calibre 22, pesant sept livres, (dont elle se sert encore) avec laquelle, après quelques instructions et un peu de pratique, à sa première expédition, montée sur un petit poney, elle tua deux *cotton-tails* (oiseaux de Californie) trois lapins et

deux cailles. Dès ce moment son enthousiasme pour cet exercice fut tel que tous les jours, ses études terminées, elle passait ses récréations à cheval, accompagnée d'un chien et armée de sa carabine, et rapportait généralement à la maison une bonne provision de gibier. Un jour que son père l'accompagnait à une lagune, près du fleuve de San-Jacinto, dans le district de Merced, où les canards sauvages abondent, il fut grandement étonné de la voir tuer quarante têtes rouges et mallarts, la plupart au vol. Une autre fois, étant en excursion dans le district de Santa-Cruz, entendant son chien aboyer dans un cañon, et croyant qu'il avait fait monter à l'arbre un écureuil, elle enfourcha son mustang, et à son retour étonna sa

mère et ses camarades en déposant à ses pieds un très gros chat sauvage, qu'elle avait tué sur la branche d'un arbre, l'ayant touché juste au cœur. La société réunie fit publier le récit de ces faits remarquables, et, à une fête donnée en son honneur elle fut nommée « la Chasseresse californienne ». Sa renommée se répandit partout dans l' « État de l'Or, » et son père fut amené à la présenter au public à San-Francisco où, en juillet 1884, elle donna avec succès sept représentations aux jardins Woodward.

Sa merveilleuse justesse de tir et son extrême jeunesse produisant la plus grande sensation, lui attiraient une foule d'admirateurs et les compliments de ceux qui, avant de l'avoir vue, se montraient incrédules. Après s'être un peu exercée à tirer des boules de verre lancées à la main, elle arriva à réussir 323 coups successifs sans en manquer un, et à briser 495 boules sur 500.

Mademoiselle Lillian, par suite des occasions qu'elle eut dans cette partie du pays, se fit une réputation de tireuse pratique. Ainsi à un concours de tir aux dindes sauvages à Hollister, district de San Benito, elle tua tant de dindes à 150 yards (137 mètres) qu'on la recula à 200 yards (183 mètres) ; mais à cette distance son adresse étant la même, elle se retira pour laisser de la chance aux autres. Le 4 juillet 1883, à Hollister elle eut un égal succès, et le 23 juillet, à Dunn's Ranch, près de San Felipe, elle tua *à la carabine* six douzaines de pigeons en deux heures. Le 25 octobre 1883, à une réunion du tir de Colussa, elle reçut du cercle en témoignage de son adresse, un magnifique fusil Parker, calibre 12. Cette jeune dame, si remarquable, a concouru avec succès dans les tournois de différentes sociétés de tir sur la côte du Pacifique, dans lesquels elle s'est mesurée contre les plus célèbres tireurs du pays, et a remporté deux prix de valeur, et le prix spécial donné par M. Philo Jacoby, président de la société de tir à la carabine de San Francisco, le 15 mars 1885. Cette demoiselle paraîtra tous les jours dans le Wild West.

---

## LES NOMS INDIENS

### Donnés à quelques États de l'Union américaine

Massachusetts, signifiant dans la langue indienne le pays autour des grandes montagnes.
Connecticut était *Mohegan*, écrit dans l'origine Quon-eh-ta-cut, signifiant longue rivière.
Florida dérive son nom de Kasquas de Flores, ou « Fête des Fleurs. »
Alabama vient d'un mot indien qui signifie « la Terre du Repos. »
Le Mississipi est nommé d'après le grand fleuve, ou dans la langue des Natchez « le Père des Eaux. »
Arkansas vient du mot Kansas « Eaux Fumeuses, » avec le préfixe Français « Arc. »
Tennessee est un mot indien signifiant. « Le Fleuve au grand Coude. »
Kentucky, est aussi un mot indien, « Kin-tuk-ae » qui signifie. « A la tête du Fleuve. »
Ohio est le mot Shawnie pour « La Belle Rivière. »

Courses de chevaux des bois indiens.

Michigan tire son nom de celui du lac, qui est le nom indien pour nasse ou piège à poissons, suggéré par la forme du lac.

Indiana, évidemment de Indien.

Illinois doit son nom au mot indien « Illini » (hommes) et l'affixe Français « Ois » faisant ensemble « Tribu d'hommes. »

Wisconsin est un mot Indien qui signifie « Cheval furieux, rapide. »

Missouri est un nom indien qui veut dire « boueux, » à cause de la nature boueuse du fleuve de ce nom.

Kansas veut dire « Eaux Immenses. »

Jowa signifie en langue indienne « Les Endormis. »

Minnesota est un nom signifiant « Une eau nuageuse. »

---

## LA RELIGION DU PEAU-ROUGE

L'Indien est aussi religieux que le chrétien le plus dévot, et il met autant d'importance à la forme qu'un ritualiste. Il croit à deux divinités, égales en sagesse et en puissance.

L'une, c'est le dieu bon. Sa fonction est d'aider l'Indien dans toutes ses entreprises, de le combler de bienfaits, de lui livrer son ennemi, de le protéger contre le danger, les peines, les privations. Il dirige la balle heureuse, ou contre un ennemi ou contre le gibier. Il fournit tout ce qui est bon et agréable dans la vie. La chaleur, la nourriture, la joie, le succès en amour, la distinction dans la guerre, viennent de lui.

L'autre, c'est le mauvais dieu. Il est constamment l'ennemi de chaque homme rouge individuellement, et exerce contre lui toute la force de sa malveillance. De lui viennent tous les désastres, malheurs, privations et déboires de la vie : toute douleur et toute souffrance, le froid, la maladie, la balle meurtrière, la défaite, les blessures et la mort.

L'action de ces deux divinités n'est nullement influencée par des questions abstraites de droit ou de moralité, telle que nous les comprenons.

Le dieu bon assiste en tout ce que l'on se propose de faire, que ce soit de voler le cheval ou la femme du voisin, de tuer un autre Indien, ou de faire une razzia sur les blancs ; c'est au bon dieu que l'Indien s'adresse pour lui demander son appui, et c'est par son aide qu'il parvient à réussir.

Chaque pensée ou désir contrecarré est attribué à l'influence du dieu méchant.

L'Indien croit que pas un instant ne se passe sans qu'il y ait lutte entre les deux esprits pour son compte personnel.

Il croit fermement à l'immortalité, à la vie après la mort ; mais le pouvoir de ces deux divinités ne s'y étend pas. Leur influence ne se fait sentir qu'en ce monde, et la condition de l'Indien après la mort ne dépend ni de sa propre condu ite sur la terre, ni de la volonté de l'un ou l'autre des dieux.

Toutes les peccadilles et crimes amènent ou n'amènent point leur punition en ce monde, et quel que soit leur caractère pendant la vie, les âmes de tous les Indiens parviennent, à moins d'en être empêchées par ccident, au paradis qu'ils nomment « l'heureux territoire de chasse. »

L'âme de l'Indien peut-être empêchée d'aller au paradis de deux façons différentes. L'une est la strangulation. L'Indien croit que l'âme s'échappe du corps, au moment de la mort, par la bouche qui s'ouvre d'elle-même pour lui livrer passage. En cas de strangulation, volontairement ou par accident, l'âme ne peut plus s'échapper, mais reste avec ou autour de la dépouille mortelle, même après décomposition complète.

Comme l'âme a toujours conscience de son isolement et de son exclusion du paradis, cette mort a des terreurs particulières pour l'Indien. Il aimerait infiniment mieux mourir attaché au poteau, avec toutes les tortures que l'imagination peut concevoir que d'être pendu. L'autre empêchement d'aller au ciel, c'est d'être scalpé. Ceci équivaut à l'anéantissement de l'âme qui cesse d'exister. C'est ce qui explique pourquoi les Indiens cherchent tant à scalper leurs ennemis tout en évitant autant que possible d'être scalpés eux mêmes. Il arrive assez souvent que les Indiens omettent de scalper des ennemis tués, croyant que chaque individu tué par eux, mais non scalpé, sera leur serviteur dans le monde futur. On trouve généralement dans ce cas que l'ennemi tué avait été ou très poltron ou très brave. Dans le premier cas il le réserve pour son domestique au paradis, parce qu'il n'aura pas de peine à le mener, dans le second cas sa vanité sera flattée d'avoir un serviteur connu dans le monde comme un guerrier fameux.

Cette superstition est l'occasion du déploiement des traits d'héroïsme les plus marquants dans le carac-

lère indien. On fait des charges incroyables d'audace pour enlever le cadavre non scalpé d'un chef vénéré, d'un parent ou d'un ami. Celui qui s'aventure ainsi trouve souvent lui-même la mort. Une fois le scalp arraché, le corps n'est plus qu'une charogne. Un Homère trouverait plus d'un héros indien aussi digne de gloire immor-

telle qu'Achille, en cherchant à sauver le corps d'un ami, et aucun missionnaire chrétien n'a jamais montré une plus noble indifférence pour le danger que le sauvage Peau-Rouge dans ses efforts pour sauver l'âme de son ami et lui assurer la route de « l'heureux séjour de chasse. »

## GABRIEL DUMONT

Gabriel Dumont, dont il est question dans cette notice, naquit à Saint-Boniface, dans le Manitoba, en 1837. Il descend de parents français et indiens. C'est un homme simple, modeste, de taille moyenne, d'une constitution de fer, doué d'un courage indomptable et d'une activité à toute épreuve. Ces qualités morales en ont fait un homme d'un caractère supérieur, propre à diriger ses semblables. A 22 ans, il entra à la compagnie d'Hudson Bay, où il resta six mois en qualité de chasseur et trappeur.

Après avoir fini son service, il fit le négoce pour les Indiens du Canada et acquit ainsi une assez belle fortune qu'il plaça sur les terres de l'Etat et, pendant plusieurs années, il s'occupa lui-même de la culture et de l'élevage du bétail. Il se rencontra en 1869, à Pembina avec Louis Reil, qui passait alors son premier traité avec le gouvernement Canadien. Convaincu de la justice des revendications de Reil en faveur des Métis, il voua à ce but sa fortune et sa vie.

Quand le traité de 69 fut rompu, Reil prit possession de Fort-Garry qu'il garda jusqu'au printemps de 1870. Dumont remplit ses engagements et devint l'aide le plus distingué, parmi ceux que Reil appela auprès de lui.

Gabriel Dumont est un proscrit politique, mais le temps viendra où l'histoire le montrera comme un homme « sans peur et sans reproche » ayant déposé le dernier les armes pour ce qu'il regardait comme une juste cause, comme un homme ayant le courage de ses convictions et osant les manifester ouvertement.

---

## JOHN NELSON, CHA-SHA-SHA-O-PO-GE-O

### Et sa famille indienne

Un des objets de grand intérêt dans l'exposition du Wild-West. Il est difficile à la plupart de ceux qui habitent les pays civilisés de penser que des centaines d'hommes de leur race et de leur sang, souvent intelligents et accomplis, qui de gaieté de cœur échangent tout le bien être et les avantages de notre genre de vie pour les privations et le danger, relevés par la liberté et les charmes de la vie des nomades. C'est un fait néanmoins, et beaucoup de ces aventuriers en se mariant dans la tribu sont adoptés comme membres, acquièrent des honneurs et exercent une très grande influence pour le bien ou pour le mal, devenant généralement les interprètes au moyen desquels se font toutes les communications. Parmi ceux qui sont les plus honorés et respectés est John Nelson qui, par l'honnêteté générale de son caractère et son énergie a mérité la renommée et l'estime parmi les blancs comme chez les Indiens. Reconnu parfait homme des prairies, il y a longtemps qu'il était le guide préféré des convois d'émigrants. Il conduisit Brigham Young et les Mormons à travers ce qu'on appelait alors « le grand désert jusqu'à l'endroit où ils se sont établis. Il épousa la fille du chef «loup solitaire » de la tribu des Ogallala. Il a six enfants qu'il élève convenablement avec les produits de la chasse; il excelle comme trappeur du castor et de la loutre.

## IMMENSE ÉTENDUE DE L'ÉTAT DE TEXAS

On dit que les chiffres ne mentent pas. Ce n'est que par la comparaison qu'on peut avoir une idée de quantité. Du Nord au Sud, le Texas mesure 1078 kilomètres, de l'Est à l'Ouest il mesure 1327 kilomètres. Il contient 175,000,000 d'acres de terres ou 275,000 milles carrés de territoire. La superficie du Texas est égale à celle de la France et de l'Espagne ensemble. Prenez les États de l'Ohio, du Maryland et de la Virginie; ajoutez-y les états de New-York, du Delaware et de la Pensylvanie; puis, pour combler la mesure, mettez encore tous les six états de la Nouvelle Angleterre, et la surface totale n'égalerait pas celle du Texas.

La France a une population de 175 habitants par mille carré; à ce taux le Texas pourrait nourrir une population de 48 millions. La Grande Bretagne a 260 habitants par mille carré; dans cette proportion le Texas nourrirait 70 millions.

Le sol est probablement le plus fertile du globe. Le coton, le blé, la canne à sucre, l'orge, et la plupart des céréales connues, poussent côte à côte avec les fruits des tropiques et les plantes plus robustes des régions situées au Nord.

Arizona John (J. M. Burke), Broncho Bill (Interprète), Red Shirt (Chef Sioux),
Julia Nelson (Femme Sioux).

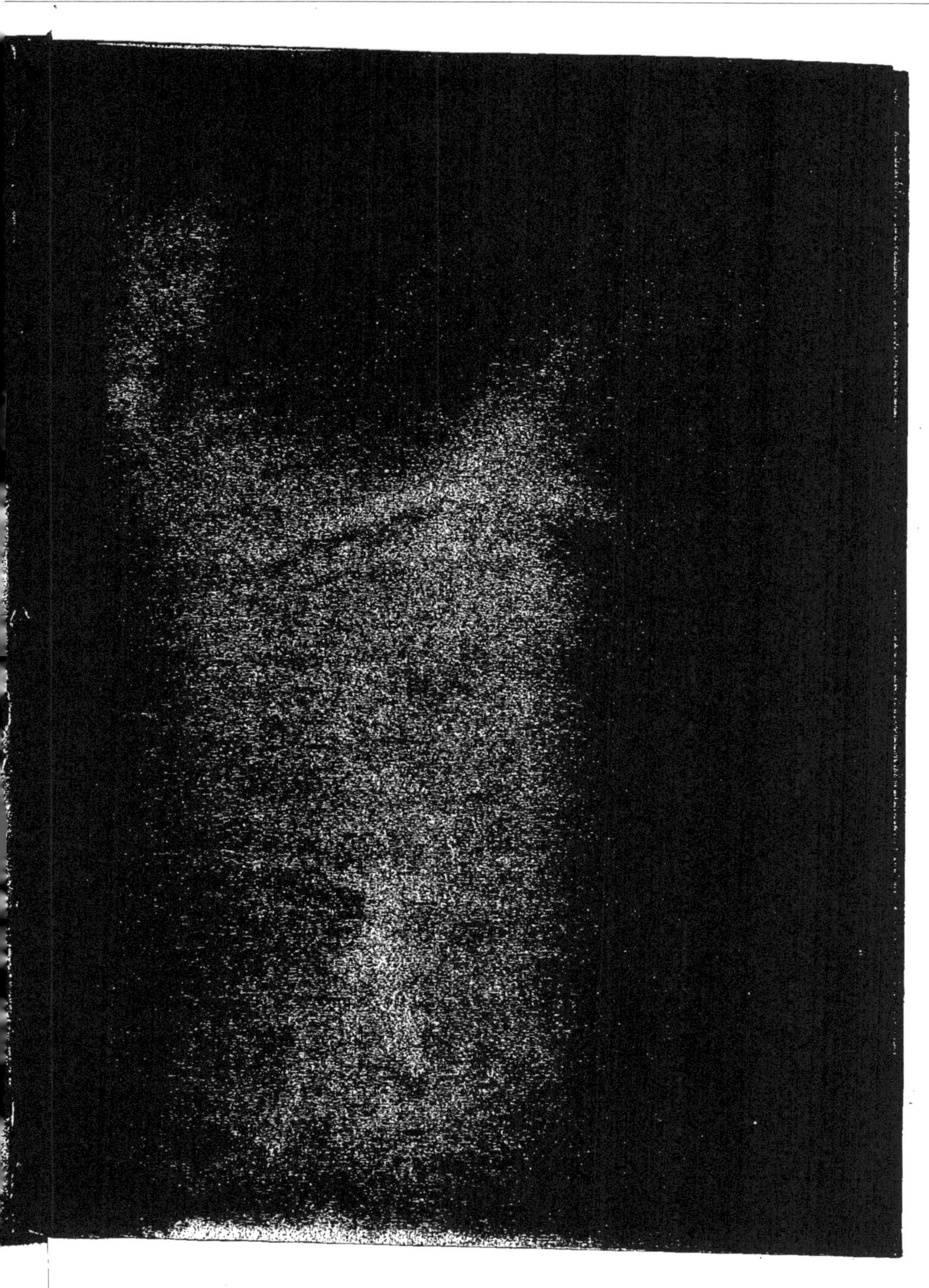

9 782019 987329

# MÉMOIRES

SUR

# LA RHÉTORIQUE

CHEZ LES GRECS.

# MÉMOIRES

SUR

# LA RHÉTORIQUE

## CHEZ LES GRECS;

DEPUIS LA MORT D'ALEXANDRE JUSQU'AU RÈGNE
D'AUGUSTE. (AN 324—29 AVANT J. C.).

PRÉSENTÉS ET LUS

## A L'INSTITUT

(ACADÉMIE DES INSCRIPTIONS ET BELLES-LETTRES),

Juin—Juillet 1836 et 1838.

## PAR. E. GROS,

INSPECTEUR DE L'ACADÉMIE DE PARIS, CHEVALIER DE L'ORDRE DE LA LÉGION D'HONNEUR.

## PARIS,

**TYPOGRAPHIE DE FIRMIN DIDOT FRÈRES,**

IMPRIMEURS DE L'INSTITUT, RUE JACOB, 56.

M. DCCC XXXVIII.

# INTRODUCTION.

QUINTILIEN a consacré un chapitre de son immortel ouvrage aux
auteurs qui s'occupèrent de la Rhétorique chez les Grecs. Parvenu aux
successeurs d'Aristote, il s'exprime en ces termes (1) : « Théophraste, son
« disciple, a donné aussi des préceptes très-exacts sur l'art oratoire : de-
« puis, les philosophes s'y sont appliqués avec plus de zèle encore que
« les rhéteurs, surtout les Stoïciens et les Péripatéticiens les plus distin-
« gués. Après eux Hermagoras s'ouvrit une route nouvelle, où plusieurs
« le suivirent : Athénée se montra son digne émule et son égal. Plus tard,
« Apollonius Molon, Aréus, Cæcilius et Denys d'Halicarnasse ont beau-
« coup écrit sur cette matière. »

Il y aurait de l'injustice à lui faire un reproche de son extrême laco-
nisme. S'il n'est pas entré dans plus de détails, nous devons croire qu'ils
lui parurent inutiles, à une époque où les écrits des rhéteurs dont il
cite les noms étaient sans doute fort connus; mais il n'en est pas de
même aujourd'hui. En étudiant l'histoire de la littérature grecque, j'ai
trouvé ici une lacune : il m'a paru intéressant de réunir, pour la
combler, les débris échappés aux ravages du temps.

A la mort d'Alexandre, sa vaste monarchie devient le théâtre de con-
vulsions terribles, qui ont pour terme la bataille d'Ipsus (2) et la for-
mation de trois empires : celui des Séleucides, l'empire des Ptolémées,
et le royaume de Pergame. Enfin, la Grèce, après de longs déchire-
ments, invoque l'intervention des Romains. Ils se présentent d'abord
comme pacificateurs; bientôt ils agissent en maîtres, et la destruction
de Corinthe fait passer la Grèce sous leur joug.

En Égypte, Cléopâtre, à la suite de mille agitations sanglantes,
s'empare du sceptre par un fratricide. Les Romains lui déclarent la
guerre, et l'Égypte, à son tour, est soumise à leurs lois.

Ces crises politiques exercent sur les lettres grecques une grande influence. La philosophie, un moment réduite au silence par la loi
barbare de l'orateur Sophocle (3), fait entendre de nouveau sa voix;

---

(1) Lib. III, c. 1 : « Theophrastus quoque Aristotelis discipulus de Rhetorice diligenter
« scripsit; atque hinc vel studiosius philosophi quam rhetores, præcipueque Stoicorum
« ac Peripateticorum principes. Fecit deinde velut propriam Hermagoras viam quam
« plurimi sunt secuti, cui maxime par atque æmulus videtur Athenæus fuisse; multa
« post Apollonius Molon, multa Areus, multa Cæcilius et Halicarnasseus Dionysius. »

(2) L'an 300 avant J. C.

(3) J'adopte le calcul de Samuel Petit, qui fixe la date de ce décret à la troisième
année de la CXVIIIᵉ Olympiade, l'an 306 avant J. C., sous l'archontat de Corœbus. Il

mais l'éloquence partage les destins de la liberté. Si la poésie brille dans Ménandre, dans la pastorale et dans quelques ouvrages didactiques, en général, elle se dégrade et descend jusqu'à l'anagramme et aux jeux de mots. L'histoire cependant produit encore un penseur profond (1), et la philologie prend naissance à Alexandrie.

Renfermé dans le domaine de la Rhétorique, je me propose de rechercher ce qu'elle fut 1° *depuis la mort d'Alexandre jusqu'à la destruction de Corinthe;* 2° *depuis la destruction de Corinthe jusqu'à Auguste,* et de présenter sur ce sujet deux Mémoires à l'Académie.

atteignit Théophraste. Diogène de Laërte, V, 38 : ἀπεδήμησε πρὸς ὀλίγον καὶ οὗτος, καὶ πάντες οἱ λοιποὶ φιλόσοφοι · Σοφοκλέους τοῦ Ἀμφικλείδου νόμον εἰσενεγκόντος, μηδένα τῶν φιλοσόφων σχολῆς ἀφηγεῖσθαι, ἂν μὴ τῇ βουλῇ καὶ τῷ δήμῳ δόξῃ· εἰ δὲ μὴ, θάνατον εἶναι τὴν ζημίαν. Conf. Pollux IX, 42. Ce décret fut attaqué par un disciple d'Aristote, et défendu par Démocharès, parent de Démosthène : καθ' οὗ λόγον ἔγραψε Φίλων Ἀριστοτέλους γνώριμος, ἀπολογίαν ὑπὲρ τοῦ Σοφοκλέους Δημοχάρους πεποιηκότος τοῦ Δημοσθένους ἀνεψιοῦ, Athénée, XIII, 9. Cicéron (De orat. lib. II, § 23) précise le degré de leur parenté : « inde Demochares, quem aiunt « *sororis filium* fuisse Demostheni. »

(1) Polybe.

# PREMIER MÉMOIRE [1].

## DE

# LA RHÉTORIQUE

## CHEZ LES GRECS,

DEPUIS LA MORT D'ALEXANDRE JUSQU'A LA DESTRUCTION
DE CORINTHE (AN 324 — 146 AVANT J. C).

### ARGUMENT.

I. De la Rhétorique chez les Péripatéticiens.— II. De la Rhétorique chez les Stoïciens.—
III. De la Rhétorique chez les Académiciens.— IV. De la Rhétorique chez les Épicuriens; Conclusion.

DÉMOSTHÈNE était mort la même année qu'Aristote. Après lui parurent Eschine, Lycurgue, Hypéride, Dinarque (2). La substance et le suc le plus pur de l'éloquence se transmirent jusqu'à cette génération d'orateurs, dont l'éclat fut naturel et le coloris sans fard (3). Ils étaient déjà vieux, lorsque Démétrius de Phalère lui fit prendre un caractère nouveau. Il visa plutôt à être doux qu'imposant ; mais sa douceur, propre à séduire et non à émouvoir, ne laissait après elle qu'un souvenir de son élégance, loin de jeter dans l'âme des auditeurs le trait à côté du sentiment du plaisir (4). Enfin l'éloquence, sortie du Pirée pour parcourir les îles et voyager dans l'Asie (5), reçut l'empreinte des mœurs étrangères, et perdit cette salubrité de la diction athénienne, qui était comme son langage maternel.

Athènes n'est plus le théâtre unique des lettres. A Rhodes s'ouvre

(1) Ce mémoire a été lu à l'Académie des inscriptions et belles-lettres; séances des 17 et 24 juin, 1ᵉʳ et 8 juillet 1836.

(2) Sur ces orateurs, voir Denys d'Halicarnasse dans l'*Examen critique des plus célèbres écrivains de la Grèce*, tome III, p. 332-335 de ma traduction; et en particulier la dissertation sur *Dinarque*, tome I, p. 324-384.

(3) Cicéron dans le Brutus, § IX.

(4) Ibid. Sur Démétrius de Phalère et ses écrits, cf. une dissertation de Bonamy dans les Mémoires de l'Académie des inscriptions et belles-lettres, tome VIII, p. 157.

(5) Cicéron dans le Brutus, § XIII.

1*

une école où les disciples d'Eschine se distinguent par une pureté de
goût qui les rapproche des orateurs de l'Attique (1); l'Égypte offre un
asile aux savants en butte aux persécutions; l'école de Pergame rivalise
avec le Musée, et Carnéade, envoyé à Rome (2), fait retentir pour la
première fois le sénat des accents de l'éloquence grecque.

C'est sur ces divers points que j'ai cherché les traces de la rhétorique;
mais l'école de Rhodes n'a pas laissé d'ouvrage didactique; à Alexandrie, la grammaire éclipsa la rhétorique; et, si celle-ci fut cultivée
dans l'école de Pergame, il m'a été impossible d'en découvrir les vestiges.
Ainsi, pour le temps qu'embrasse ce Mémoire, j'ai dû m'adresser aux
philosophes. Le Lycée, le Portique, l'Académie et l'école d'Épicure
vont y figurer tour à tour.

L'éloquence précéda les règles : l'empire qu'elle exerçait sur les esprits éveilla, dès sa naissance, l'attention des sages. Socrate combattit
les sophistes; Platon soutint habilement la lutte engagée par son maître, et circonscrivit le champ de l'éloquence dans les limites du vrai;
Aristote enseigna qu'avant tout l'orateur doit être logicien (3) et connaître à fond le cœur humain (4). Tant que les affaires publiques ouvrirent une libre carrière au talent de la parole, la philosophie sentit la
nécessité de soumettre à ses spéculations un art dont l'influence était
si puissante. Après la perte de la liberté, lorsque ce talent ne trouva
plus que de rares occasions de se montrer, les hommes dont les méditations embrassaient tout ce qui tient aux grands intérêts de l'humanité, ne purent manquer de porter un œil scrutateur sur les nobles
productions de l'esprit, où le premier rang appartient à l'éloquence et
à la poésie. Depuis la mort d'Alexandre jusqu'à la destruction de Corinthe, on ne rencontre pas, il est vrai, des rhéteurs de profession;
mais l'histoire de Théophraste, de Démétrius de Phalère, de Zénon,
de Chrysippe, de Cléanthe, d'Épicure, ces lumières de la philosophie,
mentionne leurs travaux sur la critique littéraire en général, et sur la
rhétorique en particulier.

### § I<sup>er</sup> *De la Rhétorique chez les Péripatéticiens.*

Parmi les philosophes qui suivirent les leçons d'Aristote, Théophraste
et Héraclide du Pont sont les seuls dont nous connaissions quelques
écrits sur l'art oratoire : encore même n'avons-nous que les titres de
ceux d'Héraclide (5). Rien ne nous apprend qu'il ait été cultivé par

(1) Cicéron, ubi sup.
(2) Avec Diogène de Babylone et Critolaüs, la deuxième année de la CLVI<sup>e</sup> olympiade,
l'an 155 avant J. C.
(3) Rhétorique, liv. I, ch. 1, p. 8 de ma traduction.
(4) Voir les profondes considérations où il entre à ce sujet, ibid. liv. II, ch. 1,
p. 215-219.
(5) Diogène de Laërte, V, 88 : Ῥητορικὰ δὲ, Περὶ τοῦ ῥητορεύειν, ἢ Πρωταγόρας.

Eudème, Phanias ou Phænias (1), Aristoxène de Tarente et Dicéarque.

Théophraste, disciple et successeur d'Aristote, se montra digne d'un tel maître : après d'immenses travaux, il se plaignait, en mourant à l'âge de cent quatre ans, de quitter la vie quand il commençait à être sage (2). Le temps nous a ravi presque tous ses ouvrages : plusieurs appartenaient à la critique littéraire. Nous pouvons juger de leur importance par le catalogue de Diogène de Laërte (3). Quant à ses écrits *sur la Rhétorique,* ce que nous en savons se borne à quelques débris et à des citations de Cicéron et de Quintilien.

Denys d'Halicarnasse rapporte plusieurs fragments du traité de Théophraste *sur le style* dans son ouvrage *sur l'arrangement des mots* (4), dans le *jugement sur Lysias* (5), et dans le *jugement sur Isocrate* (6). Nul doute qu'il n'ait voulu faire allusion au même ouvrage dans sa dissertation sur Démosthène (7).

(1) Cf. Ménage, notes sur Diogène de Laërte, p. 201, col. 1, éd. Meibom.

(2) Cicéron, Tusculanes, III, 28 : « Theophrastus autem moriens accusasse naturam « dicitur, quod cervis et cornicibus vitam diuturnam, quorum id nihil interesset; ho- « minibus quorum maxime interfuisset, tam exiguam vitam dedisset : quorum si ætas « potuisset esse longinquior, futurum fuisse, ut, omnibus perfectis artibus, omni- « doctrina hominum vita erudiretur. *Querebatur igitur, se tum quum illa videre cœpisset,* « *exstingui.* »

(3) Liv. V, § 42-50. Voici les titres des écrits de Théophraste sur la Rhétorique. Diogène de Laërte, ibid. § 46 : Περὶ τῶν ἀτεχνῶν πίστεων. Ibid. § 47 : Περὶ ἐνθυμημάτων, — Περὶ εὑρημάτων, — Περὶ λέξεως, — Παραγγέλματα ῥητορικῆς. Ibid. § 48 : Προοιμίων, — Περὶ τέχνης ῥητορικῆς, — Περὶ τεχνῶν ῥητορικῶν εἴδη, — Περὶ ὑποκρίσεως. Ibid. § 50 : Περὶ δικανικῶν λόγων.

(4) P. 15 éd. de Sylb. : « Théophraste, dans son *Traité sur le style,* présente des vues « générales sur cette matière. Là, il définit quels sont les mots naturellement beaux et « qui, par exemple, mêlés ensemble, rendent suivant lui l'élocution belle et majestueuse. « Il parle aussi des expressions maigres et basses, qui ne sauraient être d'un bon usage, « ni dans la poésie, ni dans la prose. Les observations de ce critique ne manquent pas « de justesse. »

(5) Cf. l'*Examen critique,* etc., t. I, p. 15-133. Le fragment de Théophraste se trouve p. 55, 56. Le voici : « Dans son *Traité sur le style,* Théophraste blâme les écrivains qui « aiment à prodiguer les antithèses, à donner des membres symétriques aux périodes, et « aux mots une correspondance mutuelle. Il range Lysias dans cette classe, et citant à « l'appui de son opinion le discours pour le général athénien Nicias, à l'époque de sa « captivité, il attribue ce discours à notre orateur. Rien n'empêche de rapporter les « paroles de Théophraste : — Il y a trois sortes d'antithèses : l'on oppose à la même « chose des choses contraires, ou bien les mêmes choses à une chose contraire, ou enfin « des choses contraires à d'autres qui le sont aussi ; ce sont les diverses analogies qui « peuvent se présenter. L'opposition des mots à peu près synonymes est un jeu puéril, « et par conséquent indigne d'un sujet grave. Quand on doit s'occuper des choses, il est « inconvenant de jouer sur les mots et de détruire par les paroles les émotions vives ; « c'est refroidir l'auditeur. On en voit un exemple dans l'apologie de Nicias par Lysias, « lorsqu'il cherche à exciter la pitié en faveur de ce général : — Je déplore une défaite, où « nos soldats ont péri sans combattre, ni sur terre ni sur mer. Nous voyons devant nous « des hommes qui implorent les dieux, en nous accusant de trahir la foi du serment, et « en invoquant les droits du sang et de l'amitié. »

(6) Cf. l'*Examen critique,* ibid. p. 135-329. L'opinion de Théophraste est rapportée p. 148 : « Trois choses, en général, contribuent, selon Théophraste, à la grandeur, à « la pompe et à l'éclat de l'élocution : le choix des mots, l'harmonie qu'ils produisent, et « les tours que revêt la pensée. »

(7) Cf. l'*Examen critique,* tome III, p. 3-299. La citation se trouve p. 15, 16 : « Il est

Démétrius d'Alexandrie cite plusieurs fois Théophraste, mais sans désigner l'ouvrage auquel il emprunte ses citations(1). On peut conjecturer, d'après leur nature, qu'elles sont tirées aussi du Traité *sur le style*.

Cicéron, qui se contente de faire mention des écrits de Théophraste sur la Rhétorique dans le premier livre du *De oratore* (2), est plus explicite ailleurs. Ainsi, au livre III⁵ (3), il dit formellement qu'il partage l'opinion de ce philosophe sur le rhythme oratoire. Les lignes suivantes offrent des restes de sa doctrine (4). Dans l'*Orator*, l'autorité de Théophraste est souvent alléguée à propos des qualités du style (5); de même dans Quintilien (6).

D'autres citations attestent qu'outre le Traité *sur le style*, ce philosophe avait écrit sur diverses parties de la Rhétorique. Un passage de l'Invention oratoire de Cicéron (7) a trait à sa classification *des arguments*, et un autre de Quintilien (8), à sa théorie *des divers genres d'éloquence*. Quant à ces paroles du même écrivain : « Théophraste dit que la lecture des poëtes est très-importante pour

---

« un troisième genre de style où les deux autres viennent se mêler et se fondre. « Est-ce Thrasymaque de Chalcédoine, comme le croit Théophraste, qui l'a inventé et « porté au point où nous le voyons ? Est-ce tout autre ? Je ne puis rien affirmer à « cet égard. »

(1) Dans le traité Περὶ τῆς ἑρμηνείας. Je cite les § de l'édition de Schneider.

1° § XLI : « Théophraste donne pour exemple de la grandeur du style ce membre de période : τῶν μὲν περὶ τὰ μηδενὸς ἄξια φιλοσοφούντων. »

2° § CXIV : « Théophraste définit ainsi le style froid : il consiste dans tout ce qui va « au delà du style propre; par exemple : ἀπυνδάκωτος οὐ τραπεζοῦται κύλιξ, au lieu de « ἀπύθμενος ἐπὶ τραπέζης κύλιξ οὐ τίθεται, on ne place point sur une table une coupe sans « fond. » Cet exemple est tiré du *Triptolème* de Sophocle. Hésychius : ἀπυνδάκωτος, ἀπύθμενος Σοφοκλῆς Τριπτολέμῳ.

3° § CLXXIII : « Théophraste a défini de cette manière la beauté de l'expression : « elle consiste dans ce qui plait à l'ouïe ou à la vue; ou bien, dans la noblesse de « la pensée. »

4° § CCXXII : « Le naturel consiste en tout cela, et de plus, comme le remarque « Théophraste, à ne pas tout expliquer longuement et avec une exactitude scrupuleuse; « mais à passer sous silence certaines choses que l'auditeur peut comprendre et conclure « lui-même. » Ammonius, dans son Commentaire sur le traité d'Aristote Περὶ ἑρμηνείας, f. 28, cite un fragment de Théophraste *sur les figures*. Fabr. B. Gr. T., III, p. 451, éd. Harles.

(2) § X, XI et XIII.

(3) § XLVIII.

(4) Ibid.

(5) 1° § XXIV; — 2° § LI; — 3° § LVII et LXIV; — 4° § LVIII.

(6) 1° Liv. VII, § 8; — 2° Liv. IX, § 4.

(7) Liv. I, § 35 : « Nobis autem commodior illa partitio videtur esse, quæ in quinque « partes distributa est, quam omnes ab Aristotele et Theophrasto profecti maxime secuti « sunt. Nam quemadmodum illud superius genus argumentandi, quod per inductionem « sumitur, maxime Socrates et Socratici tractaverunt; sic hoc quod per ratiocinationem « exponitur, summe est ab Aristotele, atque a Peripateticis et Theophrasto fre- « quentatum. »

(8) Liv. III, § 7 : « Potissimum incipiam ab ea quæ constat laude ac vituperatione. « Quod genus videtur Aristoteles atque eum secutus Theophrastus, a parte negotiali, « hoc est πραγματικῇ, removisse, totumque ad solos auditores relegasse. »

« l'orateur (1),» j'y trouve un principe de rhétorique; mais rien n'indique
d'où il est pris.

Démétrius de Phalère, formé à l'éloquence par Théophraste, reproduisit dans ses écrits les qualités de son maître (2). Mêlé aux affaires
publiques, tour à tour l'idole et la victime du peuple, il quitta sa
patrie pour chercher un refuge en Égypte auprès de Ptolémée-Lagus,
qui formait alors la bibliothèque d'Alexandrie. Là, au sein de l'étude (3),
il oubliait ses grandeurs éclipsées et les ennuis de l'exil, lorsque, devenu suspect à Ptolémée-Philadelphe, il alla mourir dans la Haute-
Égypte de la morsure d'un serpent.

Suivant Diogène de Laërte (4), dont le témoignage est fortifié par
celui de Suidas (5), il fut le plus fécond Péripatéticien de son temps,
et laissa de nombreux ouvrages, qui le firent appeler par Tertullien
le plus habile des grammairiens (6). Ses écrits sur l'art oratoire se com-
posaient d'une *Rhétorique* et d'un livre de *Chries* (7) : ils sont cités
par Denys d'Halicarnasse. Dans sa lettre à Pompée (8), il nomme Démétrius; et, quoiqu'il ne lui donne pas la qualification de Φαληρεύς,
c'est bien de lui qu'il veut parler. Mon opinion repose sur ce que, dans
le passage en question, Denys, pour justifier sa critique contre Platon,
invoque l'exemple des écrivains qui l'attaquèrent comme lui; de
ce nombre est Démétrius, élevé à l'école des Péripatéticiens, et
qui partagea leurs préventions contre le grand disciple de Socrate : ce
qu'il dit un peu plus loin ne laisse aucun doute. Voici ses paroles : « Le
« style de Platon est surchargé de tours poétiques qui enfantent le dé-
« goût, et surtout de ces formes mises en vogue par Gorgias, toujours
« déplacées et toujours puériles. Il les entasse avec une sorte de luxe,
« comme le lui ont reproché *Démétrius de Phalère* et plusieurs autres;
« car ces observations ne sont pas de moi. » Le même critique nous apprend (9) que Démétrius s'était occupé de Démosthène. Quant au traité

(1) Liv. X, § 1.

(2) Cic. De offic. I, § 1.

(3) Cic. De finib. V, § 19.

(4) Liv. V, § 80 : πλήθει δὲ βιβλίων καὶ ἀριθμῷ στίχων σχεδὸν ἅπαντας παρελήλακε τοὺς κατ'
αὐτὸν Περιπατητικούς, εὐπαίδευτος ὢν καὶ πολύπειρος παρ' ὁντινοῦν.

(5) Γέγραφε φιλόσοφά τε καὶ ἱστορικὰ καὶ ῥητορικὰ καὶ πολιτικὰ καὶ περὶ ποιητῶν.

(6) Apologet. § 18.

(7) Diogène de Laërte, ubi sup. § 80 et 81.

(8) Cf. l'*Examen critique*, etc., t. II, p. 68 : « Plusieurs ont attaqué sa doctrine, d'autres
« son style. Parmi eux, on remarque d'abord Aristote, le plus zélé de ses disciples,
« et ensuite Céphisodore, Théopompe, Zoïle, Hippodamas, Démétrius et beaucoup
« d'autres. »

(9) Cf. l'*Examen critique*, etc., dissertation sur Démosthène, tome III, p. 279 :
« Démosthène acquit par de longs exercices les diverses inflexions de la voix et les
« attitudes du corps qu'il devait porter au dernier point de perfection, quoique la
« nature l'eût peu favorisé sous ce rapport, suivant Démétrius de Phalère et les auteurs
« qui ont écrit sa vie. »

*sur l'élocution*, qui lui a été longtemps attribué, il me paraît superflu de revenir sur une question jugée par les érudits. Néanmoins, par cela même qu'elle fut jadis agitée vivement, je dois rappeler que les pièces du procès ont été recueillies avec soin par Schneider (1) et par M. Westermann (2).

Straton de Lampsaque succéda à Théophraste; mais tout entier à la physique(3), il négligea l'art oratoire, malgré son éloquence attestée par Diogène de Laërte, qui l'appelle ἐλλογιμώτατος ἀνήρ (4). A la vérité, quelques-uns de ses ouvrages, tels que *les exordes de lieux*, son *lieu du plus* ou *du moins* (5), pourraient être rapportés à la Rhétorique, sous le point de vue de l'enseignement péripatéticien. Aristote, en effet, expose longuement des matières analogues (6); cependant, comme ces écrits de Straton ne sont connus que par leur titre, je ne puis décider s'ils étaient du ressort de la philosophie ou de la Rhétorique.

Lycon, son successeur, ne fut pas moins éloquent (7). Brücker (8) doute qu'il ait écrit : je ne crains pas de lui opposer Diogène de Laërte ; il dit positivement que Lycon *dans ses écrits* se montra bien éloigné de l'éloquence qui lui attirait des applaudissements *quand il parlait* (9). Son témoignage est d'autant plus important, que les paroles de Cicéron (10) « Lyco et *oratione* locuples, rebus ipsis jejunior » ne décident rien ; *oratione* pouvant s'appliquer aussi bien à l'éloquence *écrite* qu'à l'éloquence *parlée*. Du reste, nous n'avons aucun ouvrage de Lycon. Un Péripatéticien qui vécut de son temps, et dont il fut l'ennemi (11), Hiéronyme de Rhodes, composa sur la Rhétorique, divers traités que Cicéron et Denys d'Halicarnasse eurent entre les mains : il écrivit aussi sur les poëtes (12).

Sa critique n'était ni élevée ni franche, autant qu'il est permis d'en juger par le reproche que Cicéron lui adresse (13) : « Hiéronyme, dit-il, « a tiré de plusieurs discours d'Isocrate environ trente vers, la plupart

---

(1) Préface de son édition du traité Περὶ ἑρμηνείας, I-XII.

(2) *Geschichte der Beredtsamkeit in Griechenland und Rom*, tome I, p. 218 et 221, not. 14-17.

(3) Cic. De finib. V, § 5.

(4) Liv. V, § 58.

(5) Ils sont cités par Diogène de Laërte , ibid. § 59, 60.

(6) Rhétor., liv. II, ch. 18, 19.

(7) Diogène de Laërte, qui l'appelle φραστικὸς ἀνήρ (ubi sup. § 65), nous a conservé l'opinion d'Antigone sur l'éloquence de Lycon : καί φασιν Ἀντίγονον ἐπ' αὐτοῦ τοῦτο εἰπεῖν, ὡς οὐκ ἦν, ὥσπερ μήλου, τὴν εὐωδίαν καὶ χάριν ἄλλοθί που μετενεγκεῖν, ἀλλ' ἐπ' αὐτοῦ τοῦ ἀνθρώπου, καθάπερ ἐπὶ τοῦ δένδρου, τῶν λεγομένων ἕκαστον ἔδει θεωρεῖσθαι.

(8) Histoire de la philosophie, tome I, p. 851.

(9) Ubi sup. § 66 : ἐν μὲν τῷ λέγειν γλυκύτατος ἦν ... ἐν δὲ τῷ γράφειν ἀνόμοιος αὐτῷ.

(10) De finib. lib. V, § 5.

(11) Ubi sup. § 68 : οὕτω δὲ ἦν ἐχθρὸς Ἱερωνύμῳ τῷ περιπατητικῷ, ὡς μόνον μὴ ἀπαντᾶν πρὸς αὐτὸν εἰς τὴν ἐτήσιον ἡμέραν.

(12) Lobeck, Aglaophamus, *de Orphicis*, 11, tome I, p. 340.

(13) Orator, § LVI.

« ïambiques, parmi lesquels il s'en trouve même d'anapestes, négligence
« réellement inexcusable. Il faut néanmoins convenir qu'il y a beaucoup
« de malice dans le procédé du critique : c'est en ôtant la première
« syllabe du premier mot d'une phrase, et en joignant au dernier mot la
« première syllabe de la phrase suivante, qu'il forme ces vers *anapestes*,
« nommés *Aristophanéens*. On ne peut guère se mettre en garde contre
« ces hasards ; on ne doit pas même y songer. »

Denys d'Halicarnasse, qui nous a conservé le jugement d'Hiéronyme
sur Isocrate (1), le range comme écrivain parmi les auteurs modernes
dont il ne pouvait supporter la lecture (2) : philosophe, il faisait con-
sister le souverain bien dans l'absence de la douleur (3). Athénée (4)
l'appelle *disciple d'Aristote*, mais ce ne peut être qu'à cause de son
goût pour la doctrine du philosophe de Stagire ; la distance des temps
le démontre.

Lycon eut pour successeur Ariston, né à Iulis, dans l'île de Céos, et
souvent confondu avec Ariston de Chios.

Quintilien parle d'Ariston : « Ceux qui n'ont point voulu renfermer
« toutes les matières dans le domaine de l'orateur, dit-il, ont dû être plus
« verbeux et recourir à des distinctions plus subtiles. De ce nombre fut
« Ariston, *disciple de Critolaüs* (5). » On ne peut douter qu'il n'ait
voulu désigner Ariston *le Péripatéticien* ; car, après avoir rapporté la
définition de la Rhétorique par ce philosophe, il ajoute : « comme *Péripatéticien* il dit *la science* ; un Stoïcien aurait dit *la vertu*. » Or,
Ariston le Péripatéticien était originaire de Céos, et non pas de Chios ;
Strabon (6) et Étienne de Byzance (7) l'attestent.

Ici une autre difficulté se présente : Quintilien fait d'Ariston *un disciple de Critolaüs*, et Sextus Empiricus (8) l'appelle ὁ Κριτολάου γνώριμος.
La succession d'Aristote, telle que nous la trouvons dans Plutarque (9),
place, au contraire, Critolaüs après Ariston, ainsi que l'auteur ano-
nyme de la vie d'Aristote (10).

La supputation des temps révèle une erreur dans Quintilien (11) ;

(1) Jugement sur Isocrate, ubi sup. p. 184.

(2) Dans le Traité sur l'arrangement des mots, p. 5, éd. Sylburg.

(3) Cic. De finib. V, § 5 : « Prætereo multos, in his doctum hominem et suavem Hie-
« ronymum ; quem jam cur Peripateticum appellem, nescio. Summum enim bonum
« exposuit, vacuitatem doloris. »

(4) Lib. X, § 16.

(5) Liv. II, § 15 : « quorum fuit Ariston, *Critolai* Peripatetici *discipulus*. »

(6) Liv. X, p. 486, éd. Casaub. : ἐκ δὲ τῆς Ἰουλίδος ὅ,τε Σιμονίδης ἦν ὁ μελοποιὸς καὶ Βακχυλίδης ... καὶ τῶν ἐκ τοῦ περιπάτου φιλοσόφων, Ἀρίστων, ὁ τοῦ Βορυσθενίτου Βίωνος ζηλωτής.

(7) Au mot Ἰουλίς : πόλις ἐν Κέῳ τῇ νήσῳ, ἀπὸ Ἰουλίδος κρήνης · ἀφ' ἧς Σιμονίδης ἐστὶν ὁ μελοποιὸς καὶ Βακχυλίδης ... μετ' αὐτῶν καὶ Ἀρίστων ὁ Περιπατητικός.

(8) Adv. Math. liv. II, p. 75, éd. Paris.

(9) Dans le Traité sur l'exil, tome III, p. 438, éd. Wyttenbach.

(10) Dans les notes de Ménage sur Diogène de Laërte (liv. V, § 36).

(11) En plaçant, comme Brucker (Hist. de la Philosophie, tome I, p. 858), vers la
fin de la CXXXVIIIe Olympiade l'époque où Ariston succéda à Lycon, on trouve, de

un nouvel examen (1) me fait adopter aujourd'hui l'opinion de Brucker (2), qui voit dans Ariston le *maître* et non le disciple de Critolaüs : M. Westermann autorise le doute (3). Quant au passage de Sextus Empiricus, il ne me paraît point décisif, à cause du sens vague de γνώριμος, qui peut s'entendre des amis d'un philosophe et de ses disciples (4).

Critolaüs fut le cinquième successeur d'Aristote. Cicéron lui accorde la gravité des anciens et un style abondant (5). Quintilien (6) et Sextus Empiricus (7) nous apprennent qu'il traita la Rhétorique avec peu de ménagement.

Après Critolaüs paraît Diodore : l'histoire se tait sur sa doctrine et sur sa personne ; Cicéron doute même que ses opinions permettent de le compter parmi les Péripatéticiens (8).

Dans ce paragraphe, j'ai tâché de suppléer au silence de Belin de Ballu, qui, à propos des disciples et des successeurs d'Aristote, se contente de rappeler les travaux de Démétrius de Phalère sur la critique et l'art oratoire (9). Ce qu'il dit du Portique m'a également paru insuffisant : « Les Stoïciens commençaient à fleurir à « cette époque. Plusieurs d'entre eux cultivèrent l'éloquence et l'ensei- « gnèrent. Cléanthe, l'un des plus célèbres, composa un traité de Rhé- « torique cité par Diogène de Laërte ; et Chrysippe, qui cherchait à se « distinguer par la bizarrerie de ses idées et la singularité de son style, « écrivit aussi sur l'éloquence, mais de manière que son ouvrage ne peut « être utile qu'à ceux qui ont résolu de se taire (10). » La place que les

---

l'an 220 avant J. C. jusqu'au temps où Critolaüs se rendit à Rome avec Diogène de Babylone et Carnéade (l'an 155 avant J. C.), un intervalle de 65 ans. Ainsi, pour me renfermer dans l'hypothèse la plus favorable à l'assertion de Quintilien, je supposerai, si l'on veut, qu'à l'époque de ce voyage Critolaüs était arrivé à un âge très-avancé, à sa 80ᵉ année par exemple ; sa naissance, d'après ce calcul, remontera à l'an 235 avant J. C. Critolaüs n'avait donc qu'environ 15 ans au moment où Ariston commença à enseigner.

(1) Dans mon *Étude sur l'état de la Rhétorique chez les Grecs*, Paris, 1835, p. 24, j'avais adopté d'abord l'opinion de Quintilien.

(2) Ubi sup. p. 852 : « Critolaus *qui Aristonem excepit ... Aristonis discipulus.* »

(3) Dans l'ouvrage précité, p. 172, not. 10 : *Später Ariston*, Critolaus' *Lehrer* oder *Schüler.*

(4) Brucker (ubi supra p. 758), en parlant de Lacyde : « Arcesilai γνώριμον, id est, « non discipulum tantum, sed et familiarem fuisse veteres tradunt. »

(5) De finib. V, § 5 : « Imitari antiquos voluit ; et quidem est gravitate proximus et « redundat oratio. »

(6) Liv. II, § 17 : « Critolaüs et Athénodore de Rhodes se sont fort élevés contre elle ».

(7) Adv. Math. ubi sup. : « Critolaüs le Péripatéticien, et Platon, longtemps avant lui, « attaquèrent la Rhétorique, et la regardèrent plutôt comme une dépravation de l'art « (κακοτεχνίαν) que comme un art. »

(8) De finib. V, § 5 : « Diodorus ejus (sc. Critolai) auditor adjungit ad honestatem « vacuitatem doloris. Hic quoque suus est ; de summoque bono dissentiens, dici vere « Peripateticus non potest. »

(9) Histoire critique de l'Éloquence, etc., tome II. p. 47-59.

(10) Cic. De finib. lib. IV, § 3.

Stoïciens donnèrent dans leurs travaux à la critique mérite plus de
détails.

## § II. *De la Rhétorique chez les Stoïciens.*

Zénon de Citium, fondateur du Portique, écrivit sur le Discours (1),
sur Homère (2), sur la lecture des poëtes (3) ; Posidonius d'Alexandrie
sur le Style. Diogène de Laërte (4) cite l'introduction de son traité, et
Quintilien (5) assure que ce philosophe, fidèle aux traditions de son
école, rapportait tout à la *voix* et aux *choses*. Ariston de Chios composa un livre de Chries, et un traité contre les Orateurs.

Cléanthe et Chrysippe s'occupèrent aussi de la Critique (6) ; je les
nomme les derniers, parce qu'ils travaillèrent spécialement sur l'art
oratoire. Cicéron frappa leur Rhétorique d'une réprobation exprimée
en termes énergiques, et contenue dans le passage que je viens d'emprunter à Belin de Ballu. Il n'est pas plus favorable à Chrysippe dans
le *De oratore* (7) ; Fronton le juge avec la même sévérité (8) : « Éveille-
« toi, dit-il, et fais attention à ce que Chrysippe exige. Se contente-t-il
« d'instruire, de mettre le fait au grand jour, de définir, d'examiner ? Il
« est bien loin de s'en contenter ; au contraire, il grossit le plus qu'il
« peut, il exagère, il prévient en sa faveur, il reprend ce qu'il a dit,
« diffère certaines choses, revient sur ses pas, interroge, décrit, divise,
« crée des personnages, met son discours dans la bouche d'un autre. »
Épictète aussi fait spirituellement ressortir l'obscurité des écrits de ce
philosophe (9) : « Quelqu'un se vante-t-il de pouvoir entendre et expli-

(1) Diogène de Laërte, lib. VII, § 39.

(2) Ibid. : προβλημάτων Ὁμηρικῶν πέντε. Dion Chrysostome est plus explicite, Disc. LIII :
γέγραφε δὲ καὶ Ζήνων ὁ φιλόσοφος εἴς τε Ἰλιάδα καὶ τὴν Ὀδυσσείαν, καὶ περὶ τοῦ Μαργίτου δέ.
Δοκεῖ γὰρ καὶ τοῦτο τὸ ποίημα ὑπὸ Ὁμήρου γεγονέναι νεωτέρου καὶ ἀποπειρωμένου τῆς αὐτοῦ
φύσεως πρὸς ποίησιν.

(3) Diogène de Laërte, ubi sup., Περὶ ποιητικῆς ἀκροάσεως.

(4) Ubi sup. § 60.

(5) Liv. III, § 6.

(6) Diogène de Laërte, ibid. passim, mentionne les ouvrages de Cléanthe et de Chrysippe appartenant à la critique littéraire. Je me contente de citer celui qui est intitulé
Περὶ ποιητοῦ, titre diversement interprété. Les uns ont prétendu que c'était un traité sur
Homère, *le poëte* par excellence ; les autres qu'il roulait sur les devoirs du poëte. J'adopte
la seconde explication avec Ménage (not. sur Diogène, p. 336), d'après ce passage de Clé-
ment d'Alexandrie (Strom. liv. V, p. 554, éd. de Paris) : καὶ ἡ Κλεάνθους δὲ τοῦ Στωικοῦ φιλοσόφου ποιητικὴ, ὧδέ πως τὰ ὅμοια γράφει, κ. τ. λ.

(7) Liv. I, § 11 : « Etenim videmus iisdem de rebus jejune quosdam et exiliter, ut
« eum quem acutissimum ferunt Chrysippum disputavisse, neque ob eam rem philo-
« sophiæ non satisfecisse, quod non habuerit hanc dicendi ex arte aliena facultatem. »

(8) Dans ses fragments, p. 86, éd. Niebhur : « Evigila et adtende quid cupiat ipse
« Chrysippus. Num contentus est docere, rem ostendere, definire, explorare ? Non est
« contentus, verum auget in quantum potest, exaggerat, præmunit, iterat, differt, re-
« currit, interrogat, describit, dividit, personas fingit, orationem suam alii accommodat. »

(9) Manuel, ch. XLIX, éd. Coray : Ὅταν τις ἐπὶ τῷ νοεῖν καὶ ἐξηγεῖσθαι δύνασθαι τὰ Χρυ-
σίππου βιβλία σεμνύνηται, λέγε αὐτὸς πρὸς ἑαυτόν, ὅτι, εἰ μὴ Χρύσιππος ἀσαφῶς ἐγεγράφει, οὐδὲν

2.

« quer les écrits de Chrysippe? Dites-vous à vous-même : Si Chrysippe
« n'avait pas écrit avec obscurité, cet homme n'aurait pas sujet de
« s'enorgueillir. Pour moi, qu'est-ce que je veux? connaître la nature et
« la prendre pour guide; je cherche qui en explique les mystères; et,
« apprenant que c'est Chrysippe, je m'adresse à lui. Mais je ne com-
« prends pas ses écrits; j'ai donc recours à un interprète. — Jusqu'ici
« rien de merveilleux. — Après avoir trouvé cet interprète, il me reste
« à mettre en pratique les maximes du philosophe; c'est à cela seu-
« lement qu'il y a du mérite. Mais si je n'admire que le talent de l'inter-
« prète, qu'ai-je fait autre chose que devenir grammairien au lieu de
« philosophe? Seulement l'interprétation porte non sur Homère, mais
« sur Chrysippe. Aussi, quelqu'un me dit-il : Lisez-moi Chrysippe, je
« rougis d'autant plus, que les faits sont loin de répondre aux paroles et
« de s'accorder avec elles. »

La Rhétorique de Cléanthe est peu connue. Quintilien la cite (1) :
« idem valet Chrysippi finis ille ductus a Cleanthe, scientia recte di-
« cendi. » Quant à celle de Chrysippe, Plutarque nous en a conservé
trois fragments dans ses *contradictions des Stoïciens* (2). Il en est
question dans le traité de *la Noblesse*, attribué au philosophe de
Chéronée (3).

L'art de penser et l'art de parler étaient intimement liés dans le système des Stoïciens. Zénon, à leur tête, faisait de la Dialectique la base
de l'art oratoire (4); et c'est pour cette raison, sans doute, que l'étude de

ἂν εἶχεν οὗτος ἐφ' ᾧ σεμνύνηται. Ἐγὼ δὲ, τί βούλομαι; Καταμαθεῖν τὴν φύσιν, καὶ ταύτῃ ἕπεσθαι.
Ζητῶ οὖν τίς ἐστιν ὁ ἐξηγούμενος, καὶ ἀκούσας ὅτι Χρύσιππος, ἔρχομαι πρὸς αὐτόν· ἀλλ' οὐ νοῶ τὰ
γεγραμμένα. Ζητῶ οὖν τὸν ἐξηγούμενον, καὶ μέχρι τούτων οὔπω σεμνὸν οὐδέν. Ὅταν δὲ εὕρω τὸν ἐξηγούμενον, ἀπολείπεται χρῆσθαι τοῖς παρηγγελμένοις· τοῦτο αὐτὸ μόνον σεμνόν ἐστιν. Ἂν δὲ αὐτὸ τὸ
τὸ ἐξηγεῖσθαι, θαυμάσω, τί ἄλλο ἢ γραμματικὸς ἀπετελέσθην ἀντὶ φιλοσόφου; πλήν γε δὴ, ὅτι ἀντὶ
Ὁμήρου Χρύσιππον ἐξηγούμενος. Μᾶλλον οὖν, ὅταν τις εἴπῃ μοι· ἐπανάγνωθί μοι Χρύσιππον, ἐρυθριῶ,
ὅταν μὴ δύναμαι ὅμοια τὰ ἔργα καὶ σύμφωνα ἐπιδεικνύειν τοῖς λόγοις.

(1) Liv. II, ch. 15.

(2) 1° Tome V, p. 213, éd. Wyttenbach : Χρύσιππον δὲ πάλιν ἐν τῷ Περὶ ῥητορικῆς γράφων
« οὕτω ῥητορεύσειν καὶ πολιτεύσεσθαι τὸν σοφόν, ὡς καὶ τοῦ πλούτου ὄντος ἀγαθοῦ καὶ τῆς δόξης καὶ
τῆς ὑγιείας », ὁμολογεῖ τοὺς λόγους αὐτοῦ καὶ ἀνεξόδους εἶναι καὶ ἀπολιτεύτους, καὶ τὰ δόγματα
ταῖς χρείαις ἀνάρμοστα καὶ ταῖς πράξεσιν.

2° Ubi sup. p. 267 : τὴν ῥητορικὴν ὁρίζεται τέχνην περὶ κόσμον εἰρομένου λόγου καὶ τάξιν (d'après
Wyttenbach, au lieu de περὶ κόσμου καὶ εἰρημένου λόγου τάξιν)· ἔτι δὲ ἐν τῷ πρώτῳ ταῦτα
γέγραφεν « οὐ μόνον δὲ τοῦ ἐλευθερίου καὶ ἀφελοῦς κόσμου δεῖν οἴομαι ἐπιστρέφεσθαι ἐπὶ τῶν λόγων, ἀλλὰ
καὶ (d'après Wyttenbach, au lieu de κἀπὶ τῶν λόγων, ᾧ) τῶν οἰκείων ὑποκρίσεων κατὰ τὰς
ἐπιβαλλούσας τάσεις τῆς φωνῆς, καὶ σχηματισμοὺς τοῦ τε προσώπου καὶ τῶν χειρῶν. »

3° Ibid., à propos de la rencontre des voyelles : οὐ μόνον ταῦτα παρεῖπον τοῦ βελτίονος ἐχό-
μενος, ἀλλὰ καὶ ποιὰς ἀσαφείας καὶ ἐλλείψεις, καὶ νὴ Δία σολοικισμοὺς ἐφ' οἷς ἄλλοι ἂν αἰσχυνθεῖεν
οὐκ ὀλίγοι.

(3) Ch. XVII, tome V, p. 966, éd. Wyttenbach.

(4) Cic. Orat. § XXXII : « Zeno quidem ille a quo disciplina Stoicorum est manu de-
« monstrare solebat quid inter has artes (la Dialectique et la Rhétorique) interesset.
« Nam quum compresserat digitos, pugnumque fecerat, Dialecticam aiebat ejusmodi esse;
« quum autem diduxerat et manum dilataverat, palmæ illius similem eloquentiam esse
« dicebat. » C'est, en d'autres termes, la pensée d'Aristote, Rhet. I, ch. 1 : Ἡ ῥητορική ἐστιν
ἀντίστροφος τῇ διαλεκτικῇ.

leurs écrits est recommandée par Cicéron (1) au jeune disciple de l'éloquence, malgré leur sécheresse et l'absence de tous les ornements de l'élocution.

J'ai donc recherché dans les auteurs, qui eurent entre les mains les ouvrages des Stoïciens, depuis longtemps perdus, les restes épars de leurs enseignements sur la Logique et sur la Rhétorique.

Ils divisaient la Philosophie en Logique, Morale, Physique, et comprenaient dans la Logique, la Rhétorique et la Dialectique. C'était la division adoptée par les Péripatéticiens et l'Académie, suivant Cicéron et Plutarque (2). Elle fut maintenue par Zénon et Chrysippe (3); mais Cléanthe, voulant innover, distingua six parties dans la Philosophie : la Dialectique, la Rhétorique, la Morale, la Politique, la Physique et la Théologie (4). Sa division était plus spécieuse que solide : la Dialectique et la Rhétorique sont des sous-divisions de la Logique; la Politique dépend de la Morale, et la Théologie rentre dans la Physique.

Ils définissaient la Rhétorique *l'art de parler d'une manière persuasive sur les sujets qui exigent un discours continu et développé*, περὶ τῶν ἐν διεξόδῳ λόγων (5), par opposition à la Dialectique, qu'ils appelaient l'*art de disserter convenablement sur un sujet par demandes et par réponses*. Un passage d'Alexandre d'Aphrodisie, cité par Suidas (6), fait bien sentir ce qui les distinguait l'une de l'autre : « La Dialectique « diffère de la Rhétorique, en ce qu'elle s'applique à tous les sujets et « procède non par un discours continu et développé, mais par demandes et par réponses : c'est même de là qu'elle tire son nom. De « plus, ses énonciations sont plus générales et communes à un plus grand « nombre d'objets. La Rhétorique, au contraire, ne s'applique pas à « toutes les matières, comme la Dialectique : le plus souvent l'orateur « s'occupe de questions politiques, et procède par développements. Enfin, « il s'attache de préférence à des sujets spéciaux, et adapte son discours « aux circonstances, aux accidents de la fortune, aux temps, aux personnes, « aux lieux et aux considérations de même nature qui tiennent aux choses « prises séparément. Tels sont, en effet, les sujets de l'éloquence délibérative,

(1) Cic., ibid. : «Ergo eum censeo qui eloquentiæ laude ducatur, non esse earum « rerum omnino rudem; sed vel illa antiqua, vel hac disciplina institutum.»

(2) Cic. De finib. lib. IV, § 2 : «Totam philosophiam tres in partes diviserunt : quam « partitionem a Zenone retentam esse videmus.» Plutarch. Placit. Philos. § 1 : δι' ἣν αἰτίαν καὶ τριμερής ἐστιν ἡ φιλοσοφία, ἧς τὸ μὲν φυσικὸν, τὸ δὲ ἠθικὸν, τὸ δὲ λογικόν.

(3) Diogène de Laërte, liv. VII, § 39.

(4) Ibid. § 41.

(5) Ibid. § 42.

(6) Au mot Διεξοδικούς : Διαφέρει ἡ διαλεκτικὴ τῆς ῥητορικῆς τῷ τὴν διαλεκτικὴν περὶ πᾶσαν ὕλην τῇ δυνάμει χρῆσθαι, καὶ μὴ διεξοδικοὺς ποιεῖσθαι τοὺς λόγους, ἀλλ' ἐν ἐρωτήσει καὶ ἀποκρίσει· ἀπὸ γὰρ τούτου καὶ ὅλον τὸ ὄνομα αὐτῇ. Καὶ καθολικωτέρας καὶ κοινοτέρας τὰς ἀποφάσεις ποιεῖσθαι. Τὴν τε ῥητορικὴν, μήτε περὶ πᾶσαν τὴν ὕλην ὁμοίαν εἶναι τῇ διαλεκτικῇ. Περὶ γὰρ τὴν πολιτικὴν μᾶλλον ὁ ῥήτωρ καὶ διεξοδικῶς γε ὡς ἐπιτοπλεῖστον χρῆσθαι λόγῳ· καὶ περὶ τῶν καθ' ἕκαστα μᾶλλον λέγειν πρὸς περιστάσεις, καὶ τύχας, καὶ καιροὺς, καὶ τὰ πρόσωπα, καὶ τοὺς τόπους, καὶ τὰ τοιαῦτα τοὺς λόγους σχηματίζει, ἅπερ ἐν τοῖς καθ' ἕκαστά ἐστι· περὶ τούτων γὰρ αἵ τε συμβουλαὶ, καὶ τὰ ἐγκώμια καὶ αἱ δίκαι.

« démonstrative et judiciaire.... » Tout cela n'est que la paraphrase d'un geste de Zénon : il représentait la Dialectique par la main fermée, et la Rhétorique par la main ouverte.

Ils assignaient trois genres à la Rhétorique : le délibératif, le judiciaire et le démonstratif; ils la divisaient en quatre parties, l'invention, la disposition, l'élocution, l'action, et admettaient quatre parties dans le discours : l'exorde, la narration, la réfutation, la péroraison (1). Avant tout (2), ils voulaient que la Rhétorique eût pour base la vérité : ils l'appelaient l'art de bien dire; et, pour eux, *bien dire*, c'était *dire la vérité* (3).

Ce principe servait de fondement à l'alliance de la Rhétorique avec la Dialectique : à celle-ci ils attribuaient le privilége de démêler le vrai du faux et de ce qui n'est ni l'un ni l'autre (4).

Pour présenter aussi complétement qu'il est possible la théorie des Stoïciens sur l'art oratoire, il me paraît indispensable dè résumer leurs idées sur la Dialectique : dans son domaine ils renfermaient les *mots* et les *choses* qu'ils expriment. Je vais d'abord parler succinctement de leur système sur les opérations de l'entendement humain, ou sur la manière dont l'esprit acquiert la connaissance des choses; je m'occuperai ensuite de leur théorie grammaticale.

Ils donnaient le nom d'*Aperception* à l'impression organique : c'était l'objet *estampé et figuré en nous-mêmes* (5). Cicéron est plus explicite (6) : « visum igitur impressum effictumque ex eo unde esset, quale « esse non posset ex eo unde non esset. » Sextus Empiricus s'exprime (7) comme Cicéron; mais il nous apprend, en outre, qu'il y eut schisme à ce sujet entre les chefs du Portique : « L'*Aperception* était, suivant les « Stoïciens, une impression de l'âme ; mais sur ce point ils se divisèrent « bientôt. Cléanthe entendait que cette impression s'opère par enfonce-« ment et par saillie, à la manière de l'empreinte faite par un cachet sur « la cire; Chrysippe, au contraire, regardait cette opinion comme dérai-« sonnable. D'abord, disait-il, quand l'âme aura simultanément l'*Aper-« ception* d'un triangle et celle d'un carré, il faudra donc que le corps « ait dans le même instant deux figures, et qu'il soit tout à la fois « triangle, carré, ou même cercle; ce qui est absurde. En second lieu, « plusieurs *aperceptions* pouvant se trouver en même temps dans notre « esprit, il faudra donc qu'il se transforme de mille manières diffé-

---

(1) Diogène de Laërte, ubi sup., liv. VII, § 43.

(2) Prolégomènes d'Hermogène, dans Spengel Συναγωγὴ τεχνῶν, p. 213.

(3) Ibid. : αὐτὴν (s. ent. ῥητορικὴν) ἐκάλεσαν ἐπιστήμην τοῦ εὖ λέγειν οἱ Στωικοί· τὸ δὲ εὖ λέγειν ἔλεγον τὸ ἀληθῆ λέγειν.

(4) Sextus Empiricus, Pyrrhon. Hypot. § XXII, et Adv. Math. p. 409, éd. Paris.

(5) Diogène de Laërte, ubi sup. § 45 : τὴν δὲ φαντασίαν εἶναι τύπωσιν ἐν τῇ ψυχῇ· τοῦ ὀνό-ματος οἰκείως μετενηνεγμένου ἀπὸ τῶν τύπων ἐν τῷ κηρῷ ὑπὸ τοῦ δακτυλίου γινομένων.

(6) Académiq. 1, liv. II, § 7.

(7) Adv. Math. p. 180, éd. Paris : φαντασία οὖν ἐστι ... παμπληθεῖς ἀναδέχεσθαι ἑτεροιώσεις.

« rentes : hypothèse plus absurde que la précédente. Chrysippe sou-
« tenait, en conséquence, que Zénon avait employé le mot impres-
« sion, quand il aurait dû dire changement, et il refaisait ainsi la
« définition : *l'Aperception est un changement dans l'état de l'âme.*
« Il ajoutait qu'il ne répugne pas que la même substance, lorsque plu-
« sieurs aperceptions se réunissent en nous, éprouve simultanément de
« nombreuses modifications dans sa manière d'être. »

A l'*Aperception*, ou impression organique, succédait la *perception* ou
*compréhension*, qui supposait toujours l'*assentiment ;* tandis que la
simple *aperception* exprimait seulement le rapport de la sensation à
l'objet qui l'avait excitée, la *vue*, l'*idée* de l'objet (1).

Ce qui était si bien *compris* ou *saisi* par l'esprit, que rien ne pouvait l'en détacher, s'appelait *science ;* dans le cas contraire, c'était
l'*inscience :* de cette manière naissait l'*opinion* qui est sans force,
également compatible avec le faux et l'inconnu (2).

Ils ne reconnaissaient pas des notions innées, mais ils disaient
que l'âme ressemble à une table propre à recevoir les impressions
transmises par les sens. Ces impressions, conservées par la mémoire,
se changeaient en notions ; réunies en grand nombre, elles produisaient
l'expérience. Les choses extérieures et soumises à la perception arrivent
à notre connaissance par les notions et par les mots. Ils regardaient
comme étroitement unis l'objet existant hors de nous, ou *ce qui est ;*
les mots qui l'expriment, ou *ce qui signifie ;* enfin, l'objet que les mots
expriment, ou *ce qui est signifié.*

Ils donnaient le nom de λεκτά aux choses qui appartiennent à la faculté énonciative : tant qu'elles restaient dans l'esprit, sans être revêtues
de l'expression, elles étaient regardées comme incorporelles (3) ; mais
une fois énoncées par la parole, elles devaient être considérées comme
corporelles ; car, d'après les Stoïciens, la *voix* est un *corps* (4).

Je sens le besoin de ne point m'arrêter sur des notions élémentaires :
j'ose cependant demander grâce pour l'*attribut* et ses différentes espèces ; un passage de Diogène de Laërte me force d'en parler.

Les Stoïciens distinguaient trois espèces d'attributs : ceux qui, composés d'un nom et d'un verbe, expriment complétement la pensée, ils
les appelaient συμβάματα, suivant Suidas (5) et Priscien (6) ; ceux qui,

---

(1) Cette importante distinction entre la *perception* et l'*aperception* est judicieusement
établie par le dernier traducteur des Académiques de Cicéron, M. Delcasso. Voir ses notes
sur l'Académique I, liv. II, not. 3, dans la Bibliothèque latine-française de Panckoucke.
Cicéron, tome XXVII.

(2) Cicéron, Académiq. II, liv. I, § 11.

(3) Sextus Empiricus Adv. Math. p. 267, éd. Paris : ὁρῶμεν ὡς εἰσί τινες οἱ ἀνῃρηκότες τὴν
ὕπαρξιν τῶν λεκτῶν, καὶ οὐχ ἑτερόδοξοι μόνον, οἷον οἱ Ἐπικούρειοι, ἀλλὰ καὶ οἱ Στωικοί.

(4) Cf. pag. 19, not. 1.

(5) Σύμβαμα, κατὰ Γραμματικοὺς, πρότασις ἐξ ὀνόματος καὶ ῥήματος, αὐτοτελῆ διάνοιαν
ἀπαρτίζουσα.

(6) Liv. XVIII* : « Sciendum quod has quidem constructiones, quæ per nominativum

formés d'un nom et d'un verbe, n'expriment pas complétement la pensée, ils leur donnaient le nom de παρασυμβάματα (1); enfin ceux qui se construisent avec deux cas obliques, et qu'ils appelaient ἀσυμβάματα (2).

Ils divisaient encore les attributs en actifs ou transitifs, en passifs, exprimant une action soufferte ou reçue, en intransitifs et en réfléchis, ayant sous la forme passive une signification active. Le texte de Diogène de Laërte, fautif sur ce dernier point (3), a donné lieu à diverses conjectures.

Les Stoïciens définissaient la proposition *l'expression de ce qui est vrai et de ce qui est faux* (4). Cicéron s'exprime de même (5); mais Chrysippe l'appelait *une énonciation affirmative, autant que le comporte sa nature* (6). Sextus Empiricus, qui répète la définition de

« absolvuntur, Stoici ἀξιώματα vel συμβάματα, id est, dignitates, vel congruitates vocabant : ut, *ego Priscianus scribo*. »

(1) Suidas : παρασύμβαμα δὲ πρότασις ἐξ ὀνόματος καὶ ῥήματος, οὐκ αὐτοτελῆ διάνοιαν ἀπαρτίζουσα. Priscien (ubi sup.) est plus précis : « illas vero (sc. constructiones), quibus transitiones ab alia ad aliam fiunt personam, in quibus necesse est cum nominativo etiam obliquum aliquem casum proferri, παρασυμβάματα dicebant, hoc est, minus quam congruitates, ut : *Cicero patriam servat.* »

(2) Priscien, ubi sup.: « Quando vero ex duobus obliquis constructio fit, ἀσυμβάματα, id est, incongruitates, dicebant, ut : *placet mihi venire ad te*; sive nominibus ipsis, tantum, sive verbis hoc exigentibus. » Suidas n'en parle pas.

Aux autorités que je viens de citer, j'ajouterai celle d'Apollonius Dyscolos (Περὶ συντάξεως. liv. III, § 32) : μεταμέλει γὰρ Σωκράτει, καὶ ἔτι μέλει, τῆς ὀρθῆς οὐ συνόδου· Διὸ καὶ παρασυμβάματα αὐτὰ ἐκάλεσαν οἱ ἀπὸ τῆς Στοᾶς, τῶν ἄλλων ῥημάτων κατὰ τὰς συμβαινούσας διαθέσεις παρ' αὐταῖς συμβαμάτων προσαγορευομένων, ἢ καὶ ἔτι κατηγορημάτων· καὶ τὸ μὲν οὐκ ἀπαρτίζον τὴν διάνοιαν παρασύμβαμα, λέγω δὲ τό· μέλει Σωκράτει· τὸ δὲ ἐλλεῖπον, ἧττον παρασύμβαμα· λέγω δὴ τό· μέλει καὶ μεταμέλει.

(3) Il porte, liv. VII, § 64 et 65 : ἀντιπεπονθότα δέ ἐστιν ἐν τοῖς ὑπτίοις, ἀνύπτια ὄντα· Ἐνεργήματα δέ ἐστιν, οἷον· Κείρεται· ἐμπεριέχει γὰρ ἑαυτὸν ὁ Κειρόμενος.

Aldobrandini substitue αὐτοπεπονθότα à ἀντιπεπονθότα, qui ne lui paraît pas de bon aloi. Ménage réfute cette assertion par deux passages : l'un de Philon, dans son Traité sur Caïn : ὥσπερ γὰρ τὸ κείρεσθαι διττόν· τὸ μὲν, ὡς ἀντιπεπονθός, κατὰ ἀντέρεισιν· τὸ δὲ, ὡς ὑπεῖκον καθ' ὑπόπτωσιν. Πρόβατον μὲν γὰρ, ἢ δέρμα, ἢ τὸ λεγόμενον κώδιον, οὐδὲν ἐνεργοῦν ἐξ αὐτοῦ, πάσχον δὴ μόνον ὑφ' ἑτέρου, κείρεται. Ὁ δ' ἄνθρωπος συνδρῶν καὶ σχηματίζων, καὶ ἐπιτηδείαν παρέχων ἑαυτὸν, ἀνακυπτὰς τῷ πάσχειν τῷ ποιεῖν; l'autre d'Origène, Contre Celse, liv. VI : τὸ πείθεσθαι, ὡσπερεὶ τῶν καλουμένων ἀντιπεπονθότων, ἐστὶν ἀνάλογον τῷ κείρεσθαι ἄνθρωπον, ἐνεργοῦντα τι παρέχειν ἑαυτὸν τῷ κείροντι. D'après ces autorités, conservant d'une part ἀντιπεπονθότα, et, à l'aide de παρέχειν donné par Origène, faisant d'ἐμπεριέχει, ἐμπαρέχει, je lis : ἀντιπεπονθότα δέ ἐστιν ἐν τοῖς ὑπτίοις ἀνύπτια ὄντα· ἐνεργήματα δ' ἐστιν, οἷον· Κείρεται. Ἐμπαρέχει γὰρ ἑαυτὸν ὁ Κειρόμενος. Les manuscrits ne sont d'aucun secours.

En second lieu, dans la version latine, en regard du texte de Meibom, il m'a été impossible de trouver un sens : « Reciproca vero in agendo et patiendo, quae in supinis non supina sunt. Actiones autem sunt, ut tondetur. Se enim qui tondetur complectitur. » Je la refais ainsi : *Reciproca vero sub forma* ou *specie supinorum non supina sunt : actiones autem significant, ut* Κείρεται. *Semetipsum enim tondendum adhibet* ὁ Κειρόμενος, en donnant à *supina* et *supinorum* le sens de *passiva* et *passivorum*, d'après la remarque d'Aldobrandini (not. sur Diogène de Laërte, liv. VII, § 43, p. 191, not. 146, éd. Meibom): « Quod enim Graeci ὕπτιον vocant, Latini Supinum dicunt. Alioqui poteram vertere *passiva* voce quanquam non satis latina, tamen a veteribus grammaticis usurpata. »

(4) Diog. Laert. VII, § 65.

(5) Tuscul. I, § 7 : « id ergo est pronuntiatum, quod est verum aut falsum. »

(6) Diogène de Laërte, ubi sup.

Chrysippe, ajoute que cette énonciation est complète (1). Aulu-Gelle la rapporte en grec, parce que, dit-il, la délicatesse de ses contemporains ne lui permet pas de la traduire (2). Se serait-on attendu à un pareil motif de sa part?

Ils faisaient une distinction entre la proposition (ἀξίωμα), l'interrogation (ἐρώτημα), et la question (πύσμα). La proposition affirme une chose vraie ou fausse ; l'interrogation, au contraire, quoiqu'elle soit une énonciation complète, comme la proposition, n'affirme rien ; mais elle attend une réponse faite par un mot ou par un signe ; enfin, la question diffère de l'interrogation, en ce qu'elle exige une réponse développée (3).

Il n'entre point dans mon sujet d'exposer la théorie des Stoïciens sur les différentes espèces de propositions (4) ; elle est longuement expliquée dans Diogène de Laërte (5), et avec une rare subtilité par Sextus Empiricus (6). Il s'attacha d'autant plus à les combattre, qu'ils prétendaient donner à la démonstration une base inébranlable (7). En y réfléchissant, on s'étonne moins de ce soin extrême, et parfois minutieux, avec lequel ils ont tout défini, tout classé. A leurs yeux, sur les propositions reposait l'édifice du raisonnement, qui, à son tour, servait de fondement à la démonstration. Or, chez eux, la science était fille de la démonstration, *qui, par les choses mieux comprises, mène à celles qui le sont moins* (8).

(1) Pyrrhon. Hypot. liv. II, § 11, p. 73, éd. Paris : καὶ τὸ μὲν ἀξίωμά φασιν εἶναι λεκτὸν αὐτοτελές, ἀποφάντον, ὅσον ἐφ' ἑαυτῷ.

(2) Liv. XVI, § 8 : «quas (sc. voces) pati aures per insolentiam vix possent.»

(3) La définition de πύσμα est incomplète dans Diogène de Laërte ; je la mets en présence de celle qu'en donne Ammonius, dans son commentaire sur le traité d'Aristote Περὶ ἑρμηνείας. La clarté et la précision se trouvent de son côté. Voici les définitions rapportées par Diogène de Laërte (ubi sup. § 66) : ἐρώτημα δέ ἐστι πρᾶγμα αὐτοτελὲς μὲν, ὡς καὶ τὸ ἀξίωμα· αἰτητικὸν δὲ ἀποκρίσεως.... Πύσμα δέ ἐστι πρᾶγμα πρὸς ὃ συμβολικῶς οὐκ ἔστιν ἀποκρίνεσθαι, ὡς ἐπὶ τοῦ ἐρωτήματος, ναί· ἀλλὰ εἰπεῖν, Οἰκεῖ ἐν τῷδε τόπῳ.... Écoutons maintenant Ammonius : Διττὸν εἶναι φασὶν οἱ παλαιοὶ τῆς ἐρωτήσεως τὸ εἶδος· τὸ μὲν τῆς διαλεκτικῆς, τὸ δὲ τῆς καλουμένης πυσματικῆς.

Καὶ διαλεκτικὴν μὲν ἐρώτησιν εἶναι φασίν, πρὸς ἣν ἐστιν ἀποκρίνασθαι, τὸ Ναὶ ἢ τὸ Οὐ μόνον εἰπόντα, καὶ συμβολικῶς κατανεύσαντα ἢ ἀνανεύσαντα.... Πυσματικὴν δὲ πρὸς ἣν τὸ μὲν Ναὶ καὶ τὸ Οὐ χώραν οὐκ ἔχει, λέξεως δὲ ἄλλης. Ἐνίοτε δὲ καὶ λόγου πλείονος δεῖ τῷ ἐρωτωμένῳ πρὸς τὴν ἀπόκρισιν· διδαχθῆναι γάρ τι περί τινος, βουλομένων ἐστὶν ἡ πυσματικὴ ἐρώτησις.

(4) Cf. Diogène de Laërte, ubi sup. § 69 et suiv.

(5) Ubi sup. § 69 et suiv.

(6) Adv. Math. p. 221 et suiv., éd. Paris.

(7) Ibid. p. 293 : «Puisque les Stoïciens, dit-il, paraissent l'emporter sur tous les « autres dans l'art de la démonstration, voyons; discutons un moment avec eux, et « prouvons que dans leur système tout en général est incompréhensible, et leur démonstration en particulier. »

(8) Diogène de Laërte, liv. VII, § 45. Ici encore son texte est fautif ; il porte : τὴν δὲ ἀπόδειξιν, λόγον διὰ τῶν μᾶλλον καταλαμβανομένων, τὸ ἧττον καταλαμβανόμενον περὶ πάντων. Davis substitue à περὶ πάντων, vraiment inintelligible, περιστάντα, variante qui jette un grand jour. Je l'ai suivie dans ma version : elle se trouve aussi dans les notes de M. J. V. Le Clerc sur les Académiq., I, liv. II, § VIII, not. 22, où Cicéron définit la démonstration comme les Stoïciens (ibid.) : «ratio quæ ex rebus perceptis, ad id quod non percipiebatur adducit. »

Les différentes espèces de raisonnements, leur forme, leurs caractères, et les sophismes, complètent le système des Stoïciens sur la Dialectique (1). Ces détails ne sauraient trouver ici leur place : je termine ce que j'avais à en dire, en rappelant qu'ils lui attribuaient :

1° Une prudence qui préserve de toute chute et montre à quelles perceptions l'esprit doit donner ou refuser son assentiment (2). Aulu-Gelle (3) cite un extrait d'Arrien sur Épictète, où le sens philosophique de συγκατάθεσις et συγκατατίθεσθαι est fort bien expliqué. M. J. V. le Clerc en a donné une excellente traduction dans ses notes sur les Académiques de Cicéron (4);

2° Une sage circonspection qui nous met en garde contre le vraisemblable, et nous empêche de céder à de spécieuses raisons (5);

3° Une conviction forte, incapable de se laisser amener à une conviction contraire par les arguments qu'on lui oppose (6) ;

4° Une solidité d'esprit qui sait soumettre toutes les perceptions à la raison (7).

De tout cela naissait *la science*, c'est-à-dire, *une compréhension sûre*, ou bien : *une compréhension ferme, stable, et que la raison rend infaillible au milieu des perceptions reçues par l'esprit* (8). Cicéron (9) et Sextus Empiricus (10) ont adopté la seconde définition.

Mais chez les Stoïciens toute la théorie de la Dialectique reposait sur la Voix (11). D'après eux, la Voix, c'est *l'air battu*, ou la *sensation qui a l'ouïe pour canal* (12). Avec leur finesse ordinaire, ils distinguaient la voix de l'homme, *formant des sons articulés et procédant de la volonté de l'esprit*, de celle des animaux, qu'ils appelaient *l'air battu par une impulsion que rien ne règle* (13). Ils disaient que *la Voix est*

---

(1) Cf. Diogène de Laërte, ubi sup. § 75 et suiv., et surtout Sextus Empiricus, ubi sup. p. 275 et suiv.

(2) Diogène de Laërte, ubi sup. § 46.

(3) Liv. XIX, § 1.

(4) Tome XXVI de l'édition in-18, p. 280, 281.

(5) Diogène de Laërte, ubi sup.

(6) Ibid. § 47.

(7) Ibid.

(8) Ibid. : αὐτήν τε ἐπιστήμην φασὶν ἢ κατάληψιν ἀσφαλῆ, ἢ ἕξιν ἐν φαντασιῶν προσδέξει ἀμετάπτωτον ὑπὸ λόγου.

(9) Académiq., I, liv. II, § VIII : « quam (scil. scientiam) non comprehensionem modo » rerum, sed eam stabilem quoque atque immutabilem esse censemus. » Cf. Académiq. II, liv. I, § XI.

(10) Advers. Math. p. 166, éd. de Paris : Ἐπιστήμην μὲν εἶναι τὴν ἀσφαλῆ καὶ βεβαίαν καὶ ἀμετάθετον ὑπὸ λόγου κατάληψιν.

(11) Diogène de Laërte, ubi sup. § 55 : τῆς δὲ διαλεκτικῆς θεωρίας συμφώνως δοκεῖ τοῖς πλείστοις ἀπὸ τοῦ περὶ φωνῆς ἐνάρχεσθαι τόπου.

(12) Diogène de Laërte, ubi sup. § 55 : ἀὴρ πεπληγμένος, ἢ τὸ ἴδιον αἰσθητὸν τῆς ἀκοῆς. Cette définition est de Diogène de Babylone dans son Traité sur la voix.

(13) Ibid.

*un corps*, par cela même qu'elle agit, en passant de celui qui parle à ceux qui écoutent (1).

Cette analyse de la Voix les conduisait à celle du langage. J'en offre rapidement la substance, pour arriver à la correction d'un passage de Diogène de Laërte.

Le *mot* est une voix représentée par des caractères; le *discours*, ou l'*oraison*, une voix signifiant quelque chose et dérivant de la pensée; le *dialecte*, une expression marquée d'un caractère particulier, et dont la forme révèle à quel peuple elle appartient. La *Voix* diffère du *mot* en ce qu'elle est un simple son, tandis que le *mot* est un son articulé; le *discours* ou l'*oraison*, à leur tour, diffèrent du *mot*, en ce qu'ils présentent un sens complet, tandis que le *mot* peut ne pas en avoir (2).

Les éléments des mots consistent en vingt-quatre lettres, dans lesquelles il faut remarquer trois choses : la figure, le son, le nom (3).

Les Stoïciens n'admirent pas, à toutes les époques, le même nombre de parties du discours. Suivant Diogène de Laërte, qui s'appuie sur l'autorité de Chrysippe et de Diogène de Babylone, ils en reconnaissaient cinq (4); mais Denys d'Halicarnasse ne permet pas de douter que, dans le principe, le Portique se bornait à quatre. Plus tard, il dépassa même cinq. «Théodecte, Aristote, et les autres philosophes du même temps, « dit-il, ne comptaient que trois parties du discours : les noms, les verbes, les conjonctions. Ceux qui vinrent après eux, et surtout les chefs « de la secte des Stoïciens, allèrent jusqu'à quatre, en séparant les articles des conjonctions. Leurs successeurs, séparant les noms appellatifs des noms propres, ont établi cinq éléments du discours. D'autres, « faisant une classe à part des pronoms, ont eu une sixième partie ; « quelques-uns ont séparé les verbes des adverbes, les prépositions des « conjonctions, les participes des adjectifs. Enfin, il en est qui, par de

---

(1) Diogène, ubi sup.; il ajoute § 56 : πᾶν γὰρ τὸ ποιοῦν, σῶμά ἐστι.

(2) Ibid. et § 57.

(3) Diogène de Laërte, ibid., § 56. Dans l'édition d'Henri Étienne, p. 257, le texte porte : τῆς δὲ λέξεως στοιχεῖά ἐστι τὰ εἰκοσιτέσσαρα γράμματα. Τριχῶς δὲ λέγεται τὸ γράμμα· ὅ τε χαρακτὴρ τοῦ στοιχείου καὶ τὸ ὄνομα. Casaubon crut d'abord devoir lire διχῶς au lieu de τριχῶς; plus tard il abandonna cette conjecture pour la correction de Galésius : τριχῶς δὲ λέγεται τὸ γράμμα· ὅ τε χαρακτὴρ τοῦ στοιχείου, τό τε στοιχεῖον, καὶ τὸ ὄνομα. Cette variante, adoptée par tous les éditeurs depuis Casaubon jusqu'à Hübner, ne me paraît point satisfaisante. Le sens de στοιχεῖον est précisé par Ammonius, *Des locutions semblables et différentes* (p. 37, éd. Valckenaër) : στοιχεῖον μὲν γάρ ἐστιν αὐτὴ ἡ ἐκφώνησις καὶ ὁ φθόγγος· οὗ τὸ γράμμα σημεῖον, ἢ τύπος, σχῆμα. Ainsi, dans la lettre Δ, la forme ou la figure triangulaire doit s'appeler γράμμα, et le son δέλτα produit dans la prononciation par les signes représentatifs de la lettre, στοιχεῖον. D'après cela, dans les mots ὅ τε χαρακτὴρ τοῦ στοιχείου, ne peut-on pas voir une périphrase de στοιχεῖον, qui dès lors n'est plus utile? Meibom se borne à intervertir l'ordre des mots : τό τε στοιχεῖον, ὅ τε χαρακτὴρ τοῦ στοιχείου, καὶ τὸ ὄνομα. La leçon n'en est pas plus admissible. Ne serait-il pas plus sage de s'en tenir au texte primitif, avec un simple changement dans la ponctuation d'H. Étienne, et de lire : Τριχῶς δὲ λέγεται τὸ γράμμα, ὅ τε χαρακτὴρ τοῦ στοιχείου καὶ τὸ ὄνομα. C'est d'après cette leçon que je traduis : « Dans les lettres il y a trois choses à distinguer : la figure (γράμμα), le son « (στοιχεῖον, autrement dit ὁ χαρακτὴρ τοῦ στοιχείου), le nom (τὸ ὄνομα). » Les manuscrits de la bibl. royale ne donnent aucune variante.

(4) Diogène de Laërte, ubi sup. § 57. C'étaient le *nom propre*, l'*appellatif*, le *verbe*, la *conjonction* et l'*article*.

3.

« nouvelles sous-divisions, ont considérablement augmenté le nombre
« des éléments du discours (1). » Quintilien (2) et Priscien (3) s'expriment de même (4). Quoi qu'il en soit de ces variations du Portique, nous connaissons les définitions qu'on y donnait des parties du
discours (5).

Ils exigeaient *cinq* qualités dans le style (6) : la *pureté*, qui s'attache aux expressions correctes, polies par le travail, et éloignées
du langage vulgaire; la *clarté*, qui emploie les mots les plus propres à
faire comprendre la pensée; la *brièveté*, qui se contente des mots in-
dispensables pour exprimer une chose; la *convenance*, qui choisit les
expressions assorties aux objets ; enfin, l'*ornement*, qui bannit les expressions communes.

Quant au *barbarisme* et au *solécisme*, ces vices honteux du
langage, suivant Quintilien (7), les Stoïciens définissaient le premier
*une diction réprouvée par les hommes instruits* (8), et le second *une
diction contraire aux règles de la syntaxe* (9).

(1) Denys d'Halicarnasse, *De l'arrangement des mots*, p. 2, éd. Sylburg.

(2) Liv. I, § 4 : « Veteres quorum fuerunt quoque Aristoteles atque Theodectes *verba*
« modo et *nomina* et *conjunctiones* tradiderunt ... paulatim a philosophis ac maxime Stoi-
« cis, auctus est numerus ... quæ nihil non approbantur. »

(3) Liv. II : « partes orationis sunt secundum *Dialecticos* duæ, nomen et verbum ...
« secundum *Stoicos* vero quinque sunt ejus partes : *nomen, appellatio, verbum, pronomen,*
« *sive articulus, conjunctio* ... quam nos adhuc servamus. »

(4) Cf. Sosipater Charisius, Instit. Grammat. lib. II.

(5) Suivant les Stoïciens, le *nom propre* désigne *tel* ou *tel* individu; l'*appellatif*, tous
les individus d'une même espèce.

Le *verbe* exprime simplement un attribut, ou bien ce qui est affirmé d'une personne
ou d'une chose, de plusieurs personnes ou de plusieurs choses. Aldobrandini (not. sur
Diogène de Laërte, lib. VII, p. 56, p. 400, not. 202) montre en quoi cette définition
diffère de celle des philosophes : « *Verbum* Dialecticus definiens, sic definit, ut in defini-
« tione spectet κατηγόρημα, cujus significandi verbum apud Dialecticos proprie vim habet.
« Grammaticus autem non κατηγόρημα spectat, in definitione verbi; sed aut *actionem*, aut
« *accipiendi* sive *patiendi* partes considerat. » Dans le verbe était compris le *participe*, qui
en formait *la partie déclinable*, suivant Priscien (ubi sup.) : « *participium* annumerantes
« verbis, *participiale verbum*, vel *casuale*. »

La *conjonction*, mot indéclinable, sert à lier les parties du discours : elle ne faisait qu'un
avec la *préposition*. Priscien (ibid.) : « *Præpositionem* quoque Stoici *conjunctioni* copulan-
« tes, *præpositivam conjunctionem* vocabant. »

L'*article*, susceptible de cas, déterminait les genres et les nombres. Ils regardaient
comme une seule et même partie du discours l'*article* et le *pronom*. Priscien (ibid.) :
« *Articulis* autem *pronomina* connumerantes *finitos articulos* appellabant : ipsos autem
« articulos quibus nos caremus *infinitos articulos* dicebant; vel, ut alii dicunt, *articulos*
« connumerabant pronominibus, et *articularia* eos *pronomina* vocabant. »

(6) Diogène de Laërte, ubi sup. § 59.

(7) Liv. I, § 5 : « prima barbarismi ac solœcismi *fœditas* absit. »

(8) Dans Diogène de Laërte, ubi sup. : Βαρβαρισμὸς ... λέξις ἐστὶ παρὰ τὸ ἔθος τῶν εὐδαιμονούντων. Suidas répète cette définition, mais en substituant εὐδοκιμούντων à εὐδαιμονούντων.
Vossius (De vitiis sermonis lib. I, § 1) adopte la correction de Suidas, et traduit εὐδοκιμούντων par *probatorum*. Je m'en tiens à l'ancienne leçon suivie par Aldobrandini : « εὐδαι-
« μονούντων, *beatorum*, dixit pro urbanorum. » Sextus Empiricus Adv. Math. p. 42, éd. de
Paris, définit le *barbarisme*, παράπτωσις ἐν ἁπλῇ λέξει παρὰ τὴν κοινὴν συνήθειαν.

(9) Diogène de Laërte, ibid., et Sextus Empiricus, ubi sup. : Σολοικισμός ἐστι παρα-

Enfin, ils appelaient *vers* (ποίημα) le discours assujetti à une mesure déterminée, ou à une cadence produite par l'art ; et *poëme* (ποίησις), un ouvrage de longue haleine, renfermant une imitation des choses divines et des choses humaines (1).

Cette définition de ποίημα et ποίησις est tirée du Traité de Posidonius *sur le style* (2) : jetée par Diogène de Laërte à la suite d'une foule d'autres définitions, sans que rien l'éclaircisse, elle m'a paru obscure. J'ai tâché de la comprendre, à l'aide d'un passage de Nonnius (3) : « *Poema* est λέξις ἔνρυθμος, i. e. verba plura modice in quamdam « conjecta formam ; itaque etiam Distichon Epigrammation vocant « *Poema. — Poesis* est perpetuum argumentum, ut *Ilias* Homeri et « *Annales* Ennii. »

L'exposition de la théorie des Stoïciens sur *la Voix* se termine dans Diogène de Laërte par des aperçus qui appartiennent à la Logique plutôt qu'à la Grammaire. Ils portent sur la définition (4), la description (5), le genre (6), l'espèce (7), la division (8), la contre-division (9), la sous-division (10), la partition (11) et l'amphibologie (12).

---

πτωσις ἀσυνήθης κατὰ τὴν ὅλην σύνταξιν, καὶ ἀνακόλουθος. Sur le *barbarisme* et le *solécisme*, Apollonius Dyscolos, Περὶ συντάξ. liv. I, § 2, s'exprime ainsi : ἐπειδ᾽ἄν τὰ μὴ δέοντα τῶν λέξεων συναφθῆ, τὸ τοιοῦτον καλοῦμεν σολοικισμόν, ὡς τῶν στοιχείων τοῦ λόγου ἀκαταλλήλως συνελθόντων κακία ἐστὶν ὁ βαρβαρισμός.

(1) H. Étienne donne ainsi le texte de Diogène de Laërte (p. 258) : Ποίημα δέ ἐστιν... λέξις ἔμμετρος ἢ εὔρυθμος μετασκευῆς τὸ λογοειδὲς ἐκβεβηκυῖα · τὸ εὔρυθμον δὲ εἶναι τό · Γαῖα μεγίστη. Καί · Διὸς αἰθήρ. Ποίησις δέ ἐστι σημαντικὸν ποίημα, μίμησιν περίεχον θείων καὶ ἀνθρωπείων.

Meibom trouve une faute dans μετασκευῆς seul, qu'il remplace par κατὰ μετασκιυῆς. Nul doute, en effet, que μετασκευῆς ne présente une altération ; la conjecture de Meibom, qui voit dans σκευῆς un débris de κατασκευῆς, est rendue probable par l'usage où sont les copistes de supprimer souvent les prépositions dans les mots composés. Cependant le simple σκευή, dans le sens d'*art*, d'*ornement*, etc., s'adapte bien à la pensée. Il suffit donc de lire en deux mots μετὰ σκευῆς, sans rien ajouter au texte ; telle est la leçon donnée par Hübner, d'après Bakius, de Posidonio, p. 233.

(2) Diogène de Laërte, ubi sup. § 60.

(3) De different. verborum, ch. V, n° 25.

(4) Antipater l'appelait λόγος κατὰ ἀνάλυσιν ἀπαρτιζόντως ἐκφερόμενος, et Chrysippe ἀπόδοσις, qu'Aldobrandini traduit par *redditio* : « ut si quis, dit-il, interrogetur quid est anima, « interroganti respondens afferet animi definitionem. » Conf. Diogène de Laërte, ibid., et Quintilien, liv. VIII, § 3.

(5) Diogène de Laërte, ibid.

(6) Ibid.   (7) Ibid. § 61.   (8) Ibid.   (9) Ibid.   (10) Ibid.   (11) Ibid. § 62.   (12) Ibid.

### § III. *De la Rhétorique chez les Académiciens* (1).

La première Académie, continuée par Speusippe, Xénocrate, Polémon, Cratès et Crantor, subit deux révolutions : l'une au temps d'Arcésilas, chef de la moyenne Académie; l'autre au temps de Carnéade, fondateur de l'Académie nouvelle, et dont la voix éloquente fut suspecte au vieux Caton. Dans mon second Mémoire, je m'appliquerai à faire ressortir la féconde influence de l'apparition de Carnéade à Rome sur les lettres latines.

Je ne saurais prétendre à présenter l'ensemble de la théorie des Académiciens sur l'éloquence ; à peine ai-je trouvé çà et là quelques-unes de leurs vues à ce sujet. Leur système philosophique a été plus heureux : il vivra, comme le génie de Cicéron, qui nous en a transmis l'analyse, recueillie dans les leçons mêmes de Philon et d'Antiochus.

Socrate et Platon, en combattant les sophistes, s'élevèrent contre l'abus qu'avaient fait des nobles dons de l'éloquence ces artisans de vaines paroles. L'art oratoire devint responsable des maux causés par ceux qui s'en servirent comme d'un instrument pernicieux. Les préventions de Socrate et de son illustre disciple, perpétuées dans leur école, y rendirent à jamais la Rhétorique suspecte.

On ne peut douter cependant que la première et la moyenne Académie ne se soient occupées de questions d'art. Speusippe, dont la fécondité est attestée par Diogène de Laërte (2) et Suidas (3), avait porté sur l'*art*, en général, un coup d'œil philosophique dans deux ouvrages dont Diogène de Laërte nous a conservé les titres (4); Xénocrate composa un Traité sur l'art d'écrire, et un autre sur l'art (5). La philosophie n'absorba point Polémon tout entier; nous en avons la preuve dans cet enthousiasme qui lui faisait appeler Homère *le Sophocle de l'épopée*, et Sophocle *l'Homère de la tragédie* (6). Cratès, son successeur et son disciple, fut connu non-seulement par des travaux philosophiques, mais aussi par un Traité *sur la comédie*, et par des harangues (7). Enfin, le nom de Crantor ne rappelle-t-il pas cette

---

(1) Dans les deux premiers paragraphes j'ai tâché de retracer l'état de la Rhétorique chez les Péripatéticiens et chez les Stoïciens; je vais essayer de faire connaître quelle fut sa destinée chez les Académiciens, et dans l'école d'Épicure, jusqu'à Philodème de Gadare. Cette esquisse me paraît d'autant plus nécessaire, que Quintilien, dans le passage cité en tête de ce Mémoire, ne nomme pas même les Académiciens et les Épicuriens parmi les philosophes qui s'occupèrent de l'art oratoire : ils ont également échappé à l'attention de Belin de Ballu.

(2) Liv. IV, § 4.

(3) Il dit de lui : συνέγραψε πλεῖστα, καὶ μάλιστα φιλόσοφα.

(4) Ubi sup. et § 5.

(5) Ibid. § 12 et 13.

(6) Ibid. § 20.

(7) Ibid. § 23.

éloquence de la douleur, empreinte dans toutes les pages du livre que Panétius conseillait d'apprendre littéralement (1), et où Cicéron lui-même puisa plus d'une touchante inspiration (2)? Poëte, ses talents méritèrent l'hommage d'un poëte qui composa son épitaphe (3), et il voua une sorte de culte à Homère et à Euripide (4). D'après lui, la plus grande difficulté, dans la composition tragique, est d'unir la propriété de l'expression au langage de la terreur et de la pitié (5).

Dans la moyenne Académie aussi, l'étude de la philosophie ne fut pas exclusive. Arcésilas avait coutume de lire chaque jour Homère avant de s'endormir; et, quand il voulait faire entendre dès son réveil qu'il allait en reprendre la lecture, il s'écriait : *Je cours auprès de mon meilleur ami* (6). Non moins passionné pour Pindare, dont les chants lui paraissaient éminemment propres à donner à ses imitateurs un style abondant et un ton sublime (7), il dut peut-être les grâces de son élocution (8) à la lecture de ces deux poëtes et de Platon (9).

Au milieu des études si variées des deux premières Académies, la Rhétorique apparaît entourée d'une défaveur constante. Xénocrate, il est vrai, la définissait l'art de bien dire (10); mais si, dans un passage, Sextus Empiricus se contente de rappeler qu'elle était aux yeux de l'Académie *l'ouvrière de la persuasion* (11), plus formel dans un autre, il ne laisse aucun doute sur les préventions qui l'y accueillirent sans cesse. Mettant en parallèle l'opinion que s'en étaient formée Xénocrate et les Stoïciens (12), il dit : « Xénocrate, disciple de Platon, et les phi-

---

(1) Cicéron, Académiq. I, liv. II, § 44 : « Est enim non magnus, verum aureolus, et, « ut Tuberoni Panætius præcipit, ad verbum ediscendus libellus. »

(2) Suivant son propre témoignage, Consol. ad filiam, § 2, et celui de saint Jérôme cité par Casaubon (not. sur Diogène de Laërte, liv. IV, § 27) : « legimus Crantorem, cujus « volumen ad confovendum dolorem sequutus est Cicero. »

(3) Le poëte Théætète. Nous trouvous, dans Diogène de Laërte, ubi sup. § 25, l'épitaphe qu'il fit sur Crantor; la voici :

ἥνδανεν ἀνθρώποις, ὁ δ' ἐπίπλεον ἥνδανε Μούσαις
  Κράντωρ, καὶ γήρως ἤλυθεν οὔτι πρόσω.
Γῆ σὺ δὲ τεθνειῶτα τὸν ἱερὸν ἄνδρ' ὑποδέξῃ,
  Ἤ ῥ' ὅγε καὶ ζώει κεῖθι ἐν εὐθυμίη.

« Crantor fut chéri des hommes, et plus encore des Muses : il n'arriva point à une « vieillesse avancée. O toi, Terre, reçois dans ton sein ses restes sacrés : puisse-t-il y « goûter les douceurs du repos ! »

(4) Diogène de Laërte, ibid. § 28.

(5) Ibid. : ἐργῶδες ἐν τῷ κυρίῳ τραγικῶς ἅμα καὶ συμπαθῶς γράψαι.

(6) Ibid. § 31.

(7) Ibid.

(8) Cicéron, ubi supra § 6 : « floruit quum acumine ingenii, tum admirabili quodam « lepore dicendi. »

(9) Diogène de Laërte, liv. IV, § 31 : ἐῴκει δὲ θαυμάζειν καὶ τὸν Πλάτωνα, καὶ τὰ βιβλία ἐκέκτητο αὐτοῦ.

(10) Quintilien, liv. II, § 15.

(11) Adv. Math. II, p. 75, éd. Paris : καὶ οἱ περὶ τὸν Ξενοκράτην, Πειθοῦς δημιουργόν.

(12) Ibid. p. 65.

« losophes du Portique appelaient la Rhétorique la science de bien
« dire. » Aussitôt il ajoute que Xénocrate n'entendait pas le mot *science*
à la manière des Stoïciens. Dans son esprit c'était le synonyme d'*art*,
comme anciennement; au lieu que les Stoïciens appelaient *science* la
compréhension invariable d'une chose. Ailleurs (1) Sextus expose les
causes de l'aversion de l'Académie pour la Rhétorique. A la vérité, il
fait figurer deux philosophes d'une époque postérieure; mais, chez
eux, c'était une haine héréditaire et qu'on peut, sans crainte de se
tromper, attribuer à leurs prédécesseurs. « Les Académiciens, dit-
« il, parmi lesquels figurent Clitomaque et Charmidas (2), aiment à
« répéter que les États ne rejettent point de leur sein les arts qui parais-
« sent utiles à la vie; de même que nous n'éloignons pas de nos maisons
« un intendant habile, ni un sage bouvier de nos troupeaux. Quant à
« la Rhétorique, elle est poursuivie partout comme un ennemi redou-
« table. Ainsi, le législateur des Crétois ferma l'accès de son île à ceux
« qui se piquaient d'être éloquents; Lycurgue de Sparte, jaloux de mar-
« cher sur les traces de Thalès de Crète, en fit autant dans sa patrie;
« et, longtemps après lui, les Éphores condamnèrent, à son retour, un
« jeune homme qui avait cultivé la Rhétorique à l'étranger. Ils motivè-
« rent leur décision sur ce qu'il avait étudié les artifices de l'élo-
« quence pour séduire les Spartiates. » Plus loin il continue ainsi :
« La Rhétorique est donc contraire aux lois, par cela même qu'elle ne
« procure aucun avantage : de plus, elle est funeste. Ceux qui, par leur
« éloquence, maîtrisent l'esprit du peuple, ne contribuent en rien au
« bonheur des États : ils sont, à l'égard du politique habile, ce qu'est un
« charlatan à l'égard du médecin. Par des paroles qui plaisent, ils ré-
« pandent des opinions dangereuses, et par des calomnies ils indispo-
« sent les citoyens contre les hommes les plus recommandables. L'ora-
« teur, dans son langage et par l'opinion qu'il donne de lui, semble
« tout faire pour l'intérêt public; mais, en réalité, il ne fournit aux
« esprits aucune nourriture saine. On dirait ces nourrices qui, expri-
« mant tout le suc des aliments, ne laissent aux enfants qu'une vaine
« pâture (3). » Sextus n'indique pas la source où il a puisé sa comparaison. Elle est attribuée à un certain Démocrate, personnage inconnu
d'ailleurs, par Aristote, qui ne la rapporte point dans les mêmes
termes (4).

(1) Ibid. p. 68 et suiv. : οἱ ἀπὸ τῆς Ἀκαδημίας ... ἐπὶ παρακρύσει τὰς Σπαρτὰς ἐμελέτησι.

(2) Cicéron l'appelle *Charmadas*. Conf., entre autres passages, *De oratore*, liv. I, § 11 et
18. Il rend hommage à son éloquence, Académiq. I, liv. II, § 6.

(3) Sext. Emp. Adv. Mathem. ib. p. 71, 72 : ἀλλ' εἰ κατὰ τῶν νόμων ἐστὶν ἡ ῥητορική ... τὸ
ὅλον καταπίνουσι.

(4) Rhétorique, liv. III, ch. 4 : καὶ ὡς ὁ Δημοκράτης εἴκασε τοὺς ῥήτορας ταῖς τίτθαις, αἱ τὸ
ψώμισμα καταπίνουσαι, τῷ σιάλῳ τὰ παιδία παραλείφουσι. « Démocrate comparait les orateurs
« à ces nourrices qui sucent les aliments, et ne laissent aux enfants qu'une salive qui
« souille leur bouche. » (Voir ma traduction de cet ouvrage.)

## § IV. *De la Rhétorique chez les Épicuriens.*

Épicure et ses disciples, jusqu'à Philodème de Gadare, ne furent pas plus favorables que l'Académie à la Rhétorique.

Jaloux de fonder un système nouveau, il affecta d'éviter le moindre contact avec les autres écoles, et déclara surtout la guerre au Portique. A ses yeux, les arts libéraux, notamment la Grammaire, la Dialectique et la Rhétorique, étaient de vaines études qui arrêtent l'essor de la pensée. Sextus Empiricus fournit, à ce sujet, de précieux renseignements (1) : « Épicure, dit-il, attaqua les sciences, comme ne contribuant « en rien à la sagesse : suivant quelques-uns, cette haine n'était qu'un « voile pour masquer son ignorance ; car il était étranger à bien « des connaissances, et ne parlait pas avec pureté, même le langage le plus « familier. Peut-être cette haine venait-elle de ses dispositions envers Pla- « ton, Aristote et les autres philosophes renommés par leur vaste savoir. « Il n'est pas invraisemblable aussi que son aversion pour Nausiphane, « disciple de Pyrrhon, y entra pour beaucoup. Ce Nausiphane comptait « de nombreux disciples ; il cultivait avec zèle toutes les sciences, et la « Rhétorique en particulier. Épicure suivit ses leçons (2) ; mais, ne voulant « devoir le rang de philosophe qu'à la force de son génie, il mécon- « naissait le mérite de Nausiphane, s'efforçait d'effacer jusqu'au plus « léger vestige de sa réputation, et mettait ses soins à attaquer les « sciences dans lesquelles Nausiphane se fit gloire d'exceller.... Dans « sa lettre aux philosophes de Mitylène, après de violentes invec- « tives contre Nausiphane, Épicure ajoute : C'était un méchant « homme ; il avait appliqué ses facultés à des connaissances qui ne « peuvent frayer une route vers la sagesse ; par là il veut désigner les « sciences. » Si le philosophe de Gargette fut dirigé par de pareils mo- tifs, il se garda bien de ne pas les couvrir d'un prétexte spécieux. Il disait sans cesse que la vérité est le seul objet digne du sage ; qu'il faut la chercher sans détour, en laissant de côté les fictions de la poésie et les ornements de l'éloquence (3). A la Rhétorique il ne voulait emprunter que *l'art de s'exprimer avec clarté*, et à la Grammaire que *l'art de choisir l'expression propre* (4). Il parvint néanmoins à se former une diction facile et lucide, si nous devons en

---

(1) Adv. Math., au commencement : οἱ μὲν περὶ τὸν Ἐπίκουρον ... αἰνισσόμενος τὰ μαθήματα.

(2) Eusèbe, Prépar. évang., liv. XIV, ch. 20, éd. Paris, p. 768 : λέγεται δὲ ὁ Ἐπίκουρος ὑπὸ μέν τινων μηδενὸς ἀκηκοέναι, ἐντυχεῖν δὲ τοῖς τῶν παλαίων συγγράμμασιν· ὑπό τινων δ' ὅτι ἤκουσι Ξενοκράτους, ὕστερον δὲ καὶ Ναυσιφάνους τοῦ Πύρρωνος γενομένου γνωρίμου.

(3) Plutarque, De la lecture des poëtes, tome I, p. 20, éd. in-fol., et Gassendi, Vie d'Épicure, liv. VIII, ch. 8.

(4) Diogène de Laërte, liv. X, § 13. Denys d'Halicarnasse, *De l'arrangement des mots*, p. 18, éd. Sylburg, flétrit énergiquement le mépris de l'école d'Épicure pour les orne- ments de l'élocution : εἰ δέ τισι δοκεῖ καὶ πόνου πολλοῦ ταῦτα καὶ πραγματείας μεγάλης ἄξια

4

croire Cicéron (1), meilleur juge que Sextus Empiricus. Peut-être, cependant, son habitude de prendre en pitié les philosophes *qui s'étaient
abaissés à compasser des syllabes, à disserter sur les propriétés des
conjonctions et des prépositions* (2), le jeta-t-elle dans un autre excès :
du moins, en n'ambitionnant qu'un style simple et nu, s'attira-t-il les
reproches du grammairien Aristophane (3). Un passage de sa lettre à
Hérodote montre avec quel soin il cherchait à prémunir ses disciples contre les artifices du langage. Pour le comprendre, j'ai eu
besoin de le rapprocher des principes contenus dans le *Canon* d'Épicure ; je crois devoir les rappeler en peu de mots.

Il définissait la philosophie l'*exercice de la raison* : elle devait
avoir en vue la vérité seule, et n'attacher aucun prix aux sciences qui
ne servent pas à la faire connaître.

Il la divisait en deux branches : *la physique* et *la morale* (4). A la
Dialectique, qu'il rejetait comme une science hérissée de subtilités (5),
il substituait certaines règles propres à diriger le jugement : elles formaient son *Canon*.

εἶναι, καὶ μάλα ὀρθῶς δοκεῖ κατὰ τὸν Δημοσθένην· ἀλλ' ἐὰν λογίσηται τοὺς ἐξακολουθοῦντας τῷ τοῖς
κατορθουμένοις ἐπαίνους, καὶ τὸν καρπὸν τῶν ἁπάντων ὡς γλυκὺς, εὐπαθείας ἡγήσεται τοὺς πόνους.
Ἐπικουρείων δὲ χόρον, οἷς οὐδὲν μέλει τούτων, παραιτούμεθα · τὸ γὰρ οὐκ ἐπιπόνου τοῦ γράφειν ὄντος,
ὡς αὐτὸς Ἐπίκουρος λέγει, τοῖς μὴ στοχαζομένοις τοῦ πυκνὰ μεταπίπτοντος κριτηρίου, πολλῆς ἀργείας
ἦν καὶ σκαιότητος ἀλεξιφάρμακον. « Si l'on trouve que ces ornements du langage récla-
« ment beaucoup de travail et d'exercice, cette opinion est très-fondée ; c'est ainsi que
« pensait Démosthène. Mais, quand on songe à la gloire qui suit le succès, et au doux
« fruit qu'on recueille de ces efforts, le travail paraît un plaisir. Loin de nous le chœur
« des Épicuriens, qui n'attachent aucun prix à de tels ornements ! Cette maxime d'Épi-
« cure, *l'art d'écrire n'exige aucune peine*, était pour des hommes, peu inquiets de
« manquer de sens commun à chaque instant, un palliatif de la paresse et de la sot-
« tise. » Je ne me sers pas de la version de Batteux, parce qu'entre autres défauts qu'il ne
m'appartient pas de relever ici, ce savant me semble avoir mal compris οἷς οὐδὲν μέλει
τούτων, et ne point rendre avec précision ἀλεξιφάρμακον. Je transcris sa traduction, pour
que l'Académie puisse apprécier la justesse de ma critique : « On jugera aisément
« que l'art de bien dire n'est pas un art facile : Démosthène en était persuadé ; mais si
« on apprécie la gloire qui en revient et les fruits qu'on recueille, les efforts même et le
« travail se changent en plaisir. Que *les Épicuriens en pensent ce qu'ils voudront*, ce bel
« axiome de leur maître, qu'il ne faut pas se donner de peine pour bien écrire, *n'est bon
« que pour autoriser* la paresse et la sottise de ceux qui ne craignent pas de manquer à
« chaque moment de goût et de sens commun. »

(1) De finib. I, § 5 : « Oratio me hujus philosophi non offendit ; nam et complectitur
« verbis quod vult et dicit plane quod intelligam. » Cf. Gassendi, ubi sup. ch. 9.

(2) Sénèque, Lettre LXXXVIII°.

(3) Diogène de Laërte, ubi sup. § 13 : κέχρηται δὲ λέξει κυρίᾳ κατὰ τῶν πραγμάτων, ἥν, ὅτι
ἰδιωτάτη ἐστὶν, Ἀριστοφάνης ὁ γραμματικὸς αἰτιᾶται.

(4) Diogène de Laërte, liv. X, § 29, 30, dit qu'Épicure distinguait trois parties dans
la philosophie : τό τε κανονικὸν, καὶ φυσικὸν, καὶ ἠθικόν ; mais le *Canon* n'était pas une
branche de la philosophie épicurienne ; il n'en formait que l'introduction, suivant Diogène lui-même : τὸ μὲν οὖν κανονικὸν ἐφόδους ἐπὶ τὴν πραγματείαν ἔχει, καὶ ἔστιν ἐν ἑνὶ τῷ ἐπι-
γραφομένῳ Κανών.

(5) S'il ne la rejetait pas d'une manière absolue, du moins n'avait-il que du mépris
pour les subtilités du Portique. « A côté d'Archélaüs, dit Sextus Empiricus Adv. Mathem.
« liv. VII, p. 140, éd. de Paris, plusieurs placent Épicure, qui répudia comme lui la
« logique. D'autres pensent qu'il ne proscrivit pas la logique elle-même, mais seulement
« celle des Stoïciens. »

Épicure envisageait la *vérité* en elle-même, et d'après les rapports qui existent entre les notions que nous avons des choses et leur nature; il soutenait la nécessité d'un *Criterium* (1), et il le cherchait dans la manière dont l'esprit perçoit les objets. Or, pour les percevoir, deux choses lui paraissaient nécessaires, les *sens* qui transmettent les impressions, et les *sensations*, ou impressions reçues (2). Dans son système, l'esprit, outre la faculté de percevoir les objets présents, a celle de raisonner, en les ramenant à une règle commune. De là, la nécessité d'une *prénotion*, ou idée générale, à laquelle nous rapportons les autres perceptions : Épicure l'appelait πρόληψις.

Quant à ce qui concerne les mœurs, il enseignait que, suivant la manière dont nous sommes affectés, nous fuyons ce qui semble devoir causer de la douleur, et nous recherchons ce qui semble devoir procurer du plaisir.

De tout cela, il déduisait trois criterium destinés à guider notre esprit : les *sens* et les impressions reçues, la *prénotion*, les *passions* (3). Suivant lui, les sens ne se trompent pas : en conséquence, les sensations et toutes les perceptions d'un objet sensible doivent être regardées comme vraies.

L'opinion suit la sensation : c'est sur elle que porte la vérité ou la fausseté (4). Une opinion est vraie, lorsque l'évidence s'accorde avec elle ou ne lui est pas opposée; une opinion est fausse, lorsque l'évidence lui est opposée ou ne s'accorde pas avec elle (5).

Enfin, la *prénotion* est une espèce de compréhension, soit opinion vraie, soit pensée ou acte universel de l'entendement, nés d'une chose qui s'est plusieurs fois offerte à nous extérieurement (6). Elle sert de base au jugement; c'est à elle qu'il faut rapporter les autres choses, pour être à même de prononcer sur leur ressemblance et leur dissemblance, leur union et leur diversité, etc. D'après ces principes :

1° Ce qui n'est pas évident doit être ramené à l'évidence par le moyen de la *prénotion* (7).

2° Quand *on parle*, il faut choisir des expressions *claires* et *usitées;* d'abord, pour ne pas laisser ignorer ce qu'on veut dire; ensuite, pour ne pas perdre le temps en explications. Quand *on écoute*, il faut s'appliquer à bien comprendre la valeur des mots, et à écarter tout à la fois l'*obscurité*, qui pourrait en dérober le sens, et l'*ambiguïté*, qui nous

(1) Cf. Diogène de Laërte, ubi sup. § 30 et 31.

(2) Il donnait aux sensations et aux sens le même nom : αἴσθησις.

(3) Diogène de Laërte, ubi sup. § 31.

(4) Ibid. § 33 et 34.

(5) Ibid. § 34 : τὴν δὲ δόξαν, καὶ ὑπόληψιν λέγουσιν· ἀληθῆ τέ φασι καὶ ψευδῆ· ἂν μὲν γὰρ ἐπιμαρτυρῆται ἢ μὴ ἀντιμαρτυρῆται, ἀληθῆ εἶναι· ἐὰν δὲ μὴ ἐπιμαρτυρῆται, ἢ ἀντιμαρτυρῆται, ψευδῆ τυγχάνειν.

(6) Ibid. § 33.

(7) Ibidem.

induirait en erreur. Aux yeux d'Épicure, c'était l'arme la plus puissante contre les Dialecticiens, les Péripatéticiens et les Stoïciens.

A la suite de cette règle se trouve le passage en question. Je me hasarde à le traduire de cette manière : « Il faut avant tout, Hérodote, « avoir une idée exacte des choses contenues dans les mots, afin que rapportant à ces choses celles dont nous concevons une opinion, un « doute, ou que nous cherchons à connaître, nous puissions juger, et « que tout n'échappe pas à notre jugement, pendant que nous nous « perdons en démonstrations sans fin ; et aussi, pour que nous ne nous « contentions pas de mots vides de sens. Il est nécessaire, en effet, que « l'esprit discerne nettement la notion première à travers chaque « terme, et qu'alors rien n'ait besoin de démonstration ; puisque « nous aurons à notre disposition un point auquel pourront se rapporter la question qui nous occupe, le doute que nous avons, ou « l'opinion que nous concevons ; soit que les choses, en général, ou simplement les perceptions actuelles de l'esprit, doivent être observées « par le moyen des sens, soit qu'elles doivent l'être par telle autre règle « de notre jugement. »

Ce passage, fort altéré dans Diogène de Laërte (1), me semble exiger une discussion approfondie. Je soumets à l'Académie, 1° le texte tel qu'il est dans H. Étienne, avec l'ancienne version latine ; 2° les conjectures des divers éditeurs, et les raisons qui militent en faveur des corrections que j'adopte ; 3° la leçon que je propose, avec une nouvelle interprétation latine (2).

(1) Ubi sup. § 37, 38.

(2) Texte tel qu'il est dans l'édition d'H. Étienne :

Πρῶτον μὲν οὖν τὰ ὑποτεταγμένα τοῖς φθόγγοις, ὦ Ἡρόδοτε, δεῖ εἰληφέναι, ὅπως ἂν τὰ δοξαζόμενα, ἢ ζητούμενα, ἢ ἀπορούμενα ἔχωμεν εἰς ὃ ἀνάγοντες ἐπικρίνειν, καὶ μὴ ἄκριτα πάντα ἡμῖν εἰς ἄπειρον ἀποδεικνύωσιν, ἢ κενοὺς φθόγγους ἔχωμεν. Ἀναγκὴ γὰρ τὸ πρῶτον ἐννόημα καθ' ἕκαστον φθόγγον βλέπεσθαι, καὶ μηδὲν ἀποδείξεως προσδεῖσθαι, εἴπερ ἕξομεν τὸ ζητούμενον, ἢ ἀπορούμενον, καὶ δοξαζόμενον ἐφ' ὃ ἀνάξομεν, εἴτε κατὰ τὰς αἰσθήσεις δεῖ πάντα τηρεῖν καὶ ἁπλῶς τὰς παρούσας ἐπιβολὰς, εἴτε διανοίας, εἶθ' ὁτουδήποτε τῶν κριτηρίων.

L'ancienne version latine est peu intelligible : « Primum igitur, mi Herodote, quæ subjecta sunt vocibus oportet comprehendere, ut ea quæ opinamur, sive quærimus, sive « de quibus ambigimus, ad ea referentes dijudicare possimus, et ne extra judicium « omnia nobis esse in infinitum demonstrentur, sive etiam ne inanes voces habeamus. « Necesse enim est primam notionem per unamquamque dispici vocem, nihilque probatione indigere ; siquidem habebimus quæsitum, vel dubitatum, vel opinatum ad quod « referamus ; sive secundum sensus observare omnia oportet, ac simpliciter præsentes « adgressiones, sive mentis, sive cujuscumque e judicandi instrumentis. »

1° Ligne 2, au lieu de εἰς ὅ, je lis εἰς ταῦτα. Cette variante, adoptée par Hübner, Nürnberger et Schneider, se trouve dans deux manuscrits de la bibliothèque royale, nos 1757 et 1759. Ambrosio Traversari l'a suivie dans sa version latine. Elle est d'ailleurs conforme à la doctrine d'Épicure : les idées renfermées dans les mots une fois bien comprises, deviennent la prénotion à laquelle il faut rapporter le reste.

2° Ligne 3, au lieu d'ἀποδεικνύωσιν, qui présente un sens vague, je lis ἀποδεικνύωσιν, d'après les mêmes manuscrits. Ambrosio Traversari avait sans doute cette leçon sous les yeux, en traduisant : *ne indiscreta sint omnia nobis in infinitum demonstrantibus.* Elle s'accorde tout à la fois avec le *Canon* d'Épicure, qui prescrit de déterminer le sens des mots, afin d'éviter les explications que l'ambiguïté rendrait nécessaires, et avec ce qui suit : καὶ

L'éloignement d'Épicure pour Nausiphane et le Portique explique son antipathie pour la Rhétorique, ou plutôt ici, comme dans tout le reste, il voulut se singulariser et s'élever au-dessus des autres philosophes ; car il écrivit lui-même sur l'art oratoire, et sa jactance est un fait tellement avéré dans l'Antiquité, qu'elle lui est reprochée par le benin scoliaste d'Hermogène : « A mon avis, dit-il, Épicure fait preuve d'une exces-« sive présomption, en avançant dans sa Rhétorique qu'il a seul découvert « les lois de la composition d'un discours. Il est en contradiction avec lui-« même, lorsque, traitant avec un souverain mépris les orateurs de fous, il « dit : La nature est la règle de l'éloquence ; l'art n'y peut rien (1). » Aussi Quintilien ne s'étonne-t-il point de rencontrer ce philosophe parmi les adversaires de la Rhétorique. « Quant à Épicure, dit-il, ennemi de toute « doctrine, cela ne me surprend pas de sa part (2). » Et ailleurs (3) :

μηθὲν ἀποδείξεως προσδεῖσθαι. L'interprétation d'Aldobrandini, *ne aut omnia infinita indicari non posse nobis ostendant*, est moins conforme à l'enchaînement des idées. Kühn propose ἀπιτείνωσιν, et traduit : *ne omnia indiscussa nobis in infinitum abeant, tendant;* explication justement réprouvée par Schneider.

3° Ligne 5, ἀνάξομεν. Le subjonctif ἀνάξωμεν, donné par Schneider, s'accorde mieux avec la marche naturelle de la construction et des idées.

4° Ligne 6, εἴτε ... τῶν κριτηρίων. Hübner, trouvant l'indice d'une altération dans les trois εἴτε, en supprime un avec raison. Par ἐπιβολὰς j'entends les *perceptions*, comme dans ce passage de Diogène de Laërte, liv. X, § 31 : καὶ τὰς φαντασικὰς ἐπιβολὰς τῆς διανοίας. Avec la correction de Hübner, εἴτε κατὰ τὰς αἰσθήσεις δεῖ πάντα τηρεῖν καὶ ἁπλῶς τὰς παρούσας ἐπιβολὰς τῆς διανοίας, εἴθ' ὅτι δή ποτε (s. ent. κατά) κριτηρίων, la pensée est claire. Suivant le système d'Épicure, outre la faculté de percevoir les objets, l'esprit, il ne faut point l'oublier, avait celle de raisonner ; et, dans ce travail sur les *perceptions*, le jugement était guidé par trois règles, ou *criterium* : les *sens*, la *prénotion*, et les *diverses manières dont il était affecté*, ou les *passions* : ἐν τοίνυν τῷ Κανόνι λέγει ὁ Ἐπίκουρος κριτήρια τῆς ἀληθείας εἶναι τὰς αἰσθήσεις καὶ τὰς προλήψεις καὶ τὰ πάθη. Dans le passage que je discute, ἐπιβολὰς désigne donc les *perceptions* de l'esprit, qui les observe ou par les sens (εἴτε κατὰ τὰς αἰσθήσεις), ou par un des deux autres moyens dont il dispose pour arriver à la connaissance de la vérité (εἴθ' ὅτι δή ποτε τῶν κριτηρίων [s. ent. κατά]).

D'après ces observations, je propose :

1° *Pour texte :* Πρῶτον μὲν οὖν τὰ ὑποτεταγμένα τοῖς φθόγγοις, ὦ Ἡρόδοτε, δεῖ εἰληφέναι, ὅπως ἂν τὰ δοξαζόμενα, ἢ ζητούμενα, ἢ ἀπορούμενα ἔχωμεν εἰς ταῦτα ἀνάγοντες (ou ἀναγαγόντες, d'après les deux manuscrits précités) ἐπικρίνειν· καὶ μὴ ἄκριτα (s. ent. ἢ) πάντα ἡμῖν εἰς ἄπειρον ἀποδεικνυούσιν, ἢ κενοὺς φθόγγους ἔχωμεν. Ἀνάγκη γὰρ τὸ πρῶτον ἐννόημα καθ' ἕκαστον φθόγγον βλέπεσθαι καὶ μηθὲν ἀποδείξεως προσδεῖσθαι, εἴπερ ἕξομεν τὸ ζητούμενον ἢ ἀπορούμενον καὶ δοξαζόμενον ἐφ' ὃ ἀνάξωμεν· εἴτε κατὰ τὰς αἰσθήσεις δεῖ πάντα τηρεῖν καὶ ἁπλῶς τὰς παρούσας ἐπιβολὰς τῆς διανοίας, εἴτε καθ' ὅτι δή ποτε τῶν κριτηρίων.

2° *Pour interprétation latine :* « Primum igitur, o Herodote, quæ subjecta sunt vocibus « oportet comprehendisse, ut ea quæ opinamur, vel quærimus, vel de quibus ambi-« gimus ad illa referentes, dijudicare possimus; ac ne indiscreta sint omnia nobis in « infinitum demonstrantibus, aut inanes voces habeamus. Necesse est enim primam « notionem secundum unamquamque dispici vocem, nihilque probatione indigere; siqui-« dem habebimus ad quod referamus quæsitum, vel dubitatum, vel opinatum : sive « omnia, ac simpliciter præsentes intuitus mentis, observare oportet secundum sen-« sus, sive secundum quamlibet aliam judicii normam. » J'ai traduit d'après cette interprétation.

(1) Le scoliaste d'Hermogène, p. 377, dans Spengel, Συναγωγὴ τεχνῶν, p. 8 : ὁ δέ γε Ἐπίκουρος ἐν τῷ περὶ ῥητορικῆς αὐθαδέστερον, οἶμαι, λέγων φησὶν αὐτὸς μόνος εὑρηκέναι τέχνην πολιτικῶν λόγων· τοὺς δὲ ἀλόγους ἀποσκορακίζων ῥήτορας, ἑαυτῷ πῶς μαχόμενα λέγει· φύσις γὰρ ἡ κατορθοῦσα λόγους, τέχνη δὲ οὐδεμία.

(2) Liv. II, § 17.

(3) Liv. XII, § 2.

« Nous mettrons hors de cause Épicure, qui recommande à ses disci-
« ples de fuir au plus vite toute espèce de doctrine, *fugere omnem*
« *disciplinam* navigatione quam velocissima *jubet*. » C'est probablement
pour cela que son genre de philosophie était, suivant Cicéron, peu
propre à l'éloquence : « Perfectus Epicureus, dit-il, en parlant de
« T. Albutius (1), minime aptum ad dicendi genus. »

Parmi ses disciples immédiats, deux ont éclipsé les autres : je veux
parler de Métrodore et d'Hermarque.

Le premier naquit à Lampsaque : Strabon ne permet pas d'en douter (2). L'opinion de ceux qui le font originaire d'Athènes repose sur
un passage controversé de Diogène de Laërte (3). Casaubon, arrêté
par ces paroles de Cicéron, « Qui enim beatior Epicurus, quod in patria
« vivebat, quam quod Athenis Metrodorus? (4) » en conclut que Métrodore n'était pas d'Athènes, et qu'ainsi Ἀθηναῖον dans Diogène ne peut
lui être appliqué : en conséquence, il vit dans cette épithète le nom d'un
philosophe. Jonsius ne fut pas plus gêné par l'autorité de Cicéron que
par celle de Strabon; il se tira d'embarras, en soutenant que si le célèbre géographe assigne Lampsaque pour patrie à Métrodore, c'est parce
que celui-ci avait séjourné dans cette ville, afin de suivre les leçons
qu'Épicure y donna pendant quelque temps (5). Gassendi, dont la vaste
érudition n'oublie rien de ce qui touche à Épicure et à son école, soup-
çonne avec finesse et vraisemblance (6) une interpolation dans Diogène.
Il se demande ce que peuvent être cet Athénée et Sandis, mis par Casaubon seul au nombre des Épicuriens; et il propose de les éliminer,
ainsi que Timocrate, placé à côté de Métrodore, parce qu'il fut son frère.
Sénèque semble confirmer la conjecture de Gassendi, en ne nommant,
parmi les disciples les plus marquants d'Épicure, que Métrodore, Hermarque et Polyen (7). Je crois donc ne pas devoir balancer entre le
témoignage formel de Strabon et le texte incertain de Diogène : ainsi,
je regarde Métrodore comme originaire de Lampsaque.

Imbu des principes de son maître, il partagea sa haine pour les Dialecticiens, et les attaqua dans un ouvrage (8).

Épicure ne trouva pas moins de dévouement dans le disciple qui

(1) In Brut. § 35.

(2) Liv. XIII, p. 589, éd. Casaubon. : ἐκ Λαμψάκου δὲ Χάρων τε ὁ συγγραφεύς... καὶ Μη-
τρόδωρος ὁ τοῦ Ἐπικούρου ἑταῖρος.

(3) Liv. X, § 22 : μαθητὰς δὲ ἔσχε πολλοὺς μὲν σφόδρα ἐλλογίμους, Μητρόδωρον, Ἀθηναῖον, καὶ
Τιμοκράτην, καὶ Σάνδην Λαμψακηνόν.

(4) Tuscul. V, 37.

(5) De scriptor. hist. philosoph. I, 20.

(6) Vie d'Épicure, liv. I, ch. 8.

(7) Lettre VI : « Metrodorum et Hermarchum et Polyænum, magnos viros, non schola
« Epicuri, sed contubernium fecit. »

(8) Diogène de Laërte, liv. X, § 24.

prit, après sa mort, la direction de son école (1). Diogène de Laërte l'appelle *Hermaque* (2); mais son véritable nom fut *Hermarque*. Outre Sénèque, dont j'ai cité l'autorité, je puis invoquer, à côté des fragments de Philodème, où il est plusieurs fois nommé *Hermarque*, le socle d'un buste en bronze découvert à Herculanum et sur lequel son nom est écrit de la même manière; enfin, deux savants modernes du plus grand poids, Villoison (3) et Visconti (4).

Il avait d'abord embrassé le culte de l'éloquence (5) ; mais l'aversion d'Épicure pour l'art oratoire lui fit abandonner ses premières études, pour se vouer sans partage à la philosophie.

## CONCLUSION.

Des faits exposés dans ce Mémoire, il est permis de conclure que, depuis la mort d'Alexandre jusqu'à la destruction de Corinthe ( an 324—146 avant J. C. ) :

1° Les destinées de la rhétorique se trouvèrent entre les mains des philosophes.

2° La rhétorique fut en honneur parmi les Péripatéticiens, ainsi qu'au Portique, où elle devint une théorie complète, appuyée sur la dialectique et sur la science grammaticale.

3° Chez les Académiciens elle ne cessa point d'être entourée de préventions; ceux qui l'étudièrent semblent avoir eu pour but de la combattre.

4° La rhétorique fut dédaignée par l'école d'Épicure; mais Philodème de Gadare en fit l'objet de longues méditations, comme l'attestent les manuscrits d'Herculanum, dont je rendrai compte dans mon second Mémoire.

(1) Diogène de Laërte, lib. X, § 24.
(2) Ibid. : καὶ ὁ διαδεξάμενος αὐτὸν Ἕρμαχος Ἀρχεμάχου, Μιτυληναῖος ἀνὴρ, κ. τ. λ.
(3) Anecdot. gr. tome II, p. 159.
(4) Iconogr. gr. tome I, p. 216, éd. in-4°.
(5) Diogène de Laërte, ubi sup. : τὰς δὲ ἀρχὰς προσέχων ῥητορικοῖς.

# DEUXIÈME MÉMOIRE[1].

## DE
# LA RHÉTORIQUE
## CHEZ LES GRECS,

DEPUIS LA DESTRUCTION DE CORINTHE JUSQU'AU RÈGNE
D'AUGUSTE (AN 146 — 29 AVANT J. C.).

### ARGUMENT·

I. Réflexions préliminaires.— II. Influence de la littérature grecque chez les Romains.—
III. Philosophes qui s'occupèrent de la rhétorique ; Philodème de Gadare.— IV. Ana-
lyse de deux manuscrits de Philodème sur la rhétorique.—V. Rhéteurs de profession :
Hermagoras de Temnos ; Apollonius Molon ; Gorgias d'Athènes; Castor.—VI. Nouvelle
physionomie de la rhétorique. — VII. Conséquences applicables à la rhétorique *ad
Herennium ;* Conclusion.

### I. *Réflexions préliminaires.*

DANS le premier Mémoire, j'ai montré l'éloquence et l'art qui en
trace les lois, soumis aux mêmes destinées : après Démosthène, l'éloquence marcha vers sa décadence ; comme, après Aristote, la rhétorique
ne forma plus un enseignement spécial et devint une simple théorie
entre les mains des philosophes. Dans celui que j'ai l'honneur de
présenter aujourd'hui à l'Académie, la rhétorique va paraître sous un
aspect différent. Si quelques philosophes s'en occupent encore, elle reprend néanmoins un domaine distinct ; et ses leçons pénètrent jusqu'à
Rome, où elles vont frayer la route à ces nobles arts de l'esprit, qui
soumirent à la Grèce vaincue ses superbes dominateurs. Dépouillée de
son indépendance et de son nom, cette contrée célèbre ne conserve
plus d'existence politique ; mais sa vie intellectuelle se fait partout
sentir.

Le caractère et l'état de la rhétorique chez les Grecs, depuis la
destruction de Corinthe jusqu'au règne d'Auguste, ne peuvent être

(1) Ce mémoire a été lu à l'Académie des inscriptions et belles-lettres; séances des 29 juin
et 6 juillet 1838.

appréciés qu'en les expliquant par le travail des esprits durant cette époque.

L'érudition et la philosophie furent florissantes au musée d'Alexandrie; mais il ne compta guère d'autre rhéteur qu'Agatharchide de Cnide, contemporain de Ptolémée VI et de son successeur. Auteur de divers ouvrages, cités par Photius (1), il fut surtout renommé pour son éloquence. Sa diction était grave, riche en images, sobre de figures : imitateur de Thucydide dans les discours, il l'égala en grandeur et le surpassa en clarté (2). Dans les pays grecs, au contraire, les études grammaticales furent abandonnées pour la rhétorique (3). Quant à l'éloquence, bannie de la scène politique et transportée chez les Asiatiques, elle prit le caractère de vaine gloire qu'ils avaient en tout (4). Au style pur et serré de l'Attique succéda un style enflé, mais vide : l'un n'avait rien de superflu, l'autre manqua de justesse et ne garda ni bornes, ni mesure. De ces deux styles naquit le rhodien, moins pressé que le premier, moins diffus que le second (5).

Un critique, célèbre à l'époque où les souvenirs des écarts de l'éloquence asiatique étaient encore vivants, Denys d'Halicarnasse a peint avec âme les ravages du mauvais goût (6) : « Dans les temps qui « nous ont précédés, dit-il, l'ancienne éloquence, partout dédaignée « et partout exposée à de cruels affronts, s'achemina vers sa ruine. A la « mort d'Alexandre, elle avait commencé à perdre sa vigueur et à « se flétrir...... A sa place parut une éloquence méprisable, déclama- « toire, déréglée, étrangère à la philosophie et aux arts libéraux. « Toutefois, elle fascina les yeux de la multitude ignorante et vit « ses destinées plus prospères et plus brillantes que celles de sa rivale.... « Dans tous les États, même dans les mieux policés, et c'était le comble « du mal, la muse de l'Attique, fille des siècles et née dans la contrée où « elle avait été florissante, devint un objet de risée; tandis que la muse « de l'Asie, véritable fléau échappé des antres de la Phrygie, de la « Carie ou d'une autre contrée barbare, se crut appelée à gouverner les « villes de la Grèce, et substitua son ignorance et sa déraison à la sagesse « et à la science d'une rivale qui n'eut plus aucune part dans les affaires « publiques. »

Un fait qu'il importe de consigner ici, c'est que la plupart de ceux qui cultivaient alors l'éloquence ne dédaignèrent pas d'en expliquer les règles. Cicéron s'est plu à reconnaître combien il fut redevable à leurs conseils (7). Parmi ses maîtres, il en est un, Apollonius Molon, qu'il aime à proclamer comme l'esprit le plus éclairé, l'homme

(1) Bibliothèque, Cod. CCXIII.
(2) Ibid.
(3) Cf. M. Matter, Essai sur l'école d'Alexandrie, II<sup>e</sup> partie, ch. VIII.
(4) Quintil., liv. XII, ch. 10. Cf. Cic. Orator, VIII. — (5) Quintil. ubi sup.
(6) Mémoires sur les anciens orateurs, Introduction, de l'*examen critique des plus célèbres écrivains de la Grèce*, tom. I, p. 3 et suiv. de ma traduction.
(7) Surtout dans le Brutus, ch. XCI.

le plus habile à découvrir et à corriger les défauts; mais en signalant ses éminentes qualités pour l'enseignement, il n'oublie pas les talents de l'orateur (1). Il paraît aussi qu'Hermagoras de Temnos et le rhéteur Gorgias ne se bornèrent pas à donner des préceptes (2). Cette union de l'éloquence et de la rhétorique serait un guide sûr pour arriver à la découverte des théories que j'ai à faire connaître, si le temps, qui nous a ravi leurs compositions oratoires, n'avait pas détruit également les originaux de leurs écrits didactiques. C'est dans les trésors de la littérature latine qu'il faut désormais en chercher les débris.

## II. *Influence de la littérature grecque chez les Romains.*

Avant l'apparition de Carnéade à Rome, l'influence grecque s'était fait sentir. Déjà Ennius, enthousiaste d'Homère au point de s'imaginer que l'âme de ce poëte respirait dans son sein (3), avait enseigné le grec à Rome (4); mais à l'époque où Carnéade y fut envoyé par les Athéniens, le goût des lettres grecques se propagea rapidement : chef de la secte académique, il charma les esprits par d'éloquentes dissertations sur la philosophie et sur l'art de la parole. Les membres des familles patriciennes accoururent autour de lui (5), malgré l'opposition de Caton. Alors s'engagea une lutte opiniâtre entre les vieilles mœurs et l'instruction nouvelle. Le danger parut si imminent à l'inexorable censeur, qu'il s'écriait sans cesse (6) : « Ils veulent que nous préférions, « comme eux, le talent de bien dire à l'honneur de bien faire. Leur « Socrate est un vain parleur, un séditieux qui a cherché par ses « innovations et ses intrigues à se rendre le tyran de sa patrie..... Vous « perdez la république en vous remplissant l'esprit de ces frivoles études

(1) Cic. Ibid. — « Rhodum veni, meque ad eumdem, quem Romæ audiveram, Molonem « applicavi ; quum *actorem in veris causis, scriptoremque præstantissimum*, tum in notan- « dis animadvertendisque vitiis, et instituendo docendoque prudentissimum. »

(2) Cf. M. Westermann, *Geschichte der Beredtsamkeit in Griechenland und Rom*, tom. I, § 81 et notes 11 et 12. Outre le traité sur *les Figures*, dont il sera question plus loin, Gorgias est peut-être l'auteur d'un livre sur *les Courtisanes* (cf. Athénée, XIII, p. 569) et de deux déclamations qui nous restent sous son nom : l'*Éloge d'Hélène* et la *Défense de Palamède*. — (3) Lucrèce, iv. 1, v. 121 et suiv. :

Etsi præterea tamen esse Acherusia templa
Ennius æternis exponit versibus edens :

. . . . . . . . . . . . . . . . . .
Unde sibi exortam semper florentis Homeri
Commemorat speciem , lacrymas et fundere salsas
Cœpisse, et rerum Naturam expandere dictis.

Cf. Cic. Acad. I, liv. II, ch. 16; et Horace, Epist. lib. II, 1, v. 5.

(4) Cf. Suétone, De Illustr. Grammat., ch. I, et le passage d'Ennius lui-même, conservé par Festus :

Quod græca lingua longos per tempori' tractus
Hos pavi.

(5) Cf. Plutarque, Vie de M. Caton le censeur, §. XLVI.

(6) Discours préliminaire de M J. V. Le Clerc sur Cicéron, p. 11, éd. in-12°, et Plutarque, ubi sup. et §. XLVII.

« que vous apportent des étrangers, des ennemis. Chassez ces philo-
« sophes, comme ils s'appellent : qu'ils retournent dans leurs écoles
« instruire, tant qu'ils voudront, les enfants des Grecs; mais que ceux
« des Romains n'écoutent ici que les magistrats et les lois. » Longtemps,
l'ancien esprit suscita de continuelles persécutions contre ceux qui,
sous le nom de grammairiens, de rhéteurs et de philosophes, répan-
daient les sciences de la Grèce (1); mais une révolution inévitable s'ac-
complit enfin. A peine incorporée à la république romaine, la Grèce
vit les citoyens les plus illustres étudier les monuments de son génie.
Depuis la destruction de Corinthe jusqu'au temps d'Auguste, mille
témoignages attestent un enthousiasme universel pour la littérature du
peuple récemment subjugué. Caton avoua lui-même à son fils qu'il est
utile d'en avoir au moins une idée (2): c'était un hommage involontaire,
tardivement arraché à des préventions invétérées. Ne savons-nous pas
qu'il profita de son séjour en Sardaigne pour se faire initier par Ennius
à la connaissance de ces mêmes lettres grecques, pour lesquelles il avait
professé un souverain mépris (3)? Autour de lui, quel imposant cortége
d'esprits distingués, formés à l'école des Grecs ! C'est L. Ælius, l'ornement des chevaliers romains (4); T. Albutius, dont on disait qu'il
était presque un Grec (5); A. Albinus, auteur d'une histoire écrite dans la
langue d'Hérodote et de Thucydide (6); Q. Lut. Catulus, à qui les Grecs
accordaient la finesse et l'élégance de l'élocution dans leur langue (7); Tib. Gracchus, l'élève de Diophane de Mitylène, pronon-
çant chez les Rodiens une harangue grecque (8); M. Æmilius Porcina,
le premier orateur romain chez lequel on remarqua la délicatesse des
Grecs et leurs périodes arrondies (9); Rufus, qui composa en grec une
histoire de Rome (10); Rutilius, disciple de Panætius (11); C. Lælius,
P. Corn. Scipion l'Africain et C. Furius se faisant gloire d'avoir auprès
d'eux les Grecs les plus savants (12). Au-dessus de ces noms plane le
grand nom de Cicéron, représentant les sciences de la Grèce. Né avec
ce caractère que Platon donne au véritable ami de la sagesse, dit Plutarque (13), et avec cette ardeur qui embrasse toutes les connaissances, il ne
négligea aucun genre d'instruction. Après avoir porté les armes sous Sylla,

---

(1) Cinq ans avant l'arrivée de Carnéade à Rome, les rhéteurs et les philosophes en
avaient été chassés. Suétone, de Clar. Rhet. I, et Athénée, liv. XII, p. 547.

(2) Dans Pline, Hist. Nat., liv. XXIX, ch. 7 : « Je parlerai de ces Grecs, en temps et lieu,
« mon fils Marcus : je t'indiquerai ce qu'il y a d'excellent dans Athènes, et je te prouverai
« qu'il est bon de prendre une idée de leur littérature, mais non d'en faire une étude
« approfondie. »

(3) Aurélius Victor, de Viris illustr. : « In prætura Sardiniam subegit (Cato), ubi ab
« Ennio græcis litteris institutus. »

(4) Cicéron, Brutus, LVI. — (5) Ibidem, XXXV. — (6) Ibidem, XXI.

(7) Le même, De Orat., II, 7. — (8) Le même, Brutus, XX. — (9) Ibidem, XXV.

(10) Athénée, IV, p. 168 et VI, p. 274. Cf. Westermann, ubi sup. tom. II, p. 94,
note 19.

(11) Cic., Brutus, XXX.

(12) Le même, De Orat. II, XXXVII.

(13) Vie de Cicéron, §. II.

il se renferma dans la vie contemplative et littéraire. Bientôt, par son commerce avec les orateurs les plus célèbres, il réveilla son génie politique et oratoire. Dans ses voyages en Grèce et en Asie, il se proposa surtout de former son éloquence; et pour y parvenir il fréquenta tour à tour Démétrius de Syrie, Xénoclès d'Adramytte, Denys de Magnésie, Ménippe de Stratonicée et Apollonius Molon (1). La philosophie fut aussi l'objet de ses études; il nous apprend lui-même qu'il rechercha les sages les plus célèbres de chaque secte (2). De retour dans sa patrie, il l'enrichit de nouvelles lumières, et dans ses écrits si variés, il reproduisit, en les agrandissant, les nobles inspirations puisées dans les leçons de tant de maîtres (3). La question que j'ai à traiter m'impose l'obligation de me renfermer dans ses ouvrages de rhétorique, précieux monuments d'art et de goût; fidèles dépositaires de doctrines que nous ignorerions à jamais, s'il n'en avait point conservé les vestiges.

Pour mieux comprendre l'enseignement des rhéteurs grecs, à cette époque, il est convenable de jeter un coup d'œil sur l'état des études à Rome, si étroitement liées alors à celles de la Grèce.

La grammaire et la rhétorique y furent longtemps inconnues : la première, introduite par Cratès de Mallos, contemporain d'Aristarque, peu après la mort d'Ennius (4), eut des commencements fort modestes. « Les plus anciens de nos savants, dit Suétone (5), poëtes et orateurs « à la fois, ne furent que les interprètes de la littérature grecque. » Les *grammairiens* ou *lettrés*, qu'il ne faut pas confondre avec les *grammatistes* (6), enseignèrent aussi la rhétorique. Dans la suite, celle-ci eut un domaine particulier ; les grammairiens retinrent néanmoins dans leurs attributions quelques-uns des exercices spécialement consacrés à l'éloquence; par exemple, les questions ou problèmes, les paraphrases, les allocutions, les caractères ou portraits (7). La grammaire initiait à la rhétorique, dont les destinées furent fort agitées à Rome, où elle se vit même proscrire (8). Peu à peu, les préventions se dissipèrent; et des hommes éminents la recherchèrent comme un instrument utile à leur sûreté et à leur gloire (9).

(1) Plut. ubi sup., §. IV, et Cicéron lui-même, Brutus. XCI.

(2) Savoir, parmi *les Épicuriens :* Phédrus (Epist. ad Famil. XIII, 1; ad Attic. V) 11); Zénon (De Natur. Deor. I, 21); Philodème (in Pison. C, 28); Scyron (Acad. II, 33). Parmi *les Stoïciens :* Diodote (Brutus XC, Tuscul. V, 36); Athénodore de Tarse (Epist. ad Famil. III, 7); Posidonius (ad Attic. II, 1; De Nat. Deor. I, 3). Parmi *les Peripatéticiens :* Cratippe (De Off. I, 1). Parmi *les Académiciens :* Philon (Acad. passim). Dion d'Alexandrie (Acad. II, 4; pro Cælio, C, 10, 21); Aristus (ad Attic. V, 10); Antiochus d'Ascalon (Brutus, XCI, Acad. I, 3).

(3) Voir ce qu'il dit à ce sujet, en s'adressant à Varron (Acad. II, 1, ch. 11).

(4) Suétone, de Illustr. Grammat. 1.

(5) Ibid. — (6) Ibid., IV. — (7) Ibid.

(8) Suétone, de Clar. Rhet. I, : « Rhetorica quoque apud nos, perinde atque grammatica, sero recepta est; paulo etiam difficilius, quippe quam constet *nonnunquam etiam prohibitam* exerceri. »

(9) Ibidem.

Les détails qui nous sont parvenus sur les grammairiens et les rhéteurs les plus renommés à Rome, rendent un éclatant témoignage à l'influence grecque. Alexandre *Polyhistor* était originaire de Milet; M. Antonius Gniphon naquit à la vérité dans la Gaule; mais il fut élevé à Alexandrie, et acquit une égale supériorité dans les lettres grecques et latines (1); Attéius le philologue aimait à se glorifier de ses·progrès dans la littérature des Grecs (2) : parmi les exercices prescrits par les rhéteurs latins à leurs disciples, plusieurs étaient empruntés à cette littérature (3); et les meilleurs juges les regardaient comme les plus profitables (4). Lorsque les vainqueurs demandaient ainsi des lumières aux vaincus; lorsque l'éloquence, réduite au silence sur son antique théâtre, régnait en souveraine dans Rome; comment s'étonner que la rhétorique, renfermée durant la précédente époque, dans les écoles de la philosophie, trouve maintenant des hommes qui font profession de répandre ses enseignements ?

### III. *Philosophes qui s'occupèrent de la rhétorique ; Philodème de Gadare.*

Cependant plusieurs philosophes s'en occupèrent encore; l'Académie continua de la poursuivre de ses préventions (5) et elle fixa les méditations de Philodème de Gadare, le plus illustre des disciples d'Épicure. Les manuscrits d'Herculanum contiennent plusieurs de ses traités sur l'art oratoire (6). Je n'ai eu à ma disposition que ceux dont l'université d'Oxford a fait publier un *fac-simile* (7). Dans l'état de délabrement où ils nous sont parvenus, il est difficile d'arriver à une parfaite connaissance de sa doctrine. Voici les résultats où m'a conduit une étude longue et réfléchie.

### IV. *Analyse de deux manuscrits de Philodème sur la rhétorique.*

Dans le premier (8), Philodème commence par diverses considérations préliminaires, où il fait allusion aux préceptes de la sophistique, contre laquelle, dans l'un et l'autre ouvrage, il semble avoir dirigé ses traits. Il remonte à l'origine de la rhétorique, et, rappelant (9) une tradition respectée par les scoliastes d'Hermogène, il met Phénix, le

---

(1) Suétone, de Illustr. Grammat. VII.
(2) Ibid, X. — (3) Ibidem, de Clar. Rhet. 1.
(4) Témoin Cicéron, cité par Suétone, ibid. 11 : « Continebar autem *doctissimorum* « *hominum auctoritate*, qui existimabant, *græcis exercitationibus ali melius ingenia posse.* »
(5) Cf. Sextus Empiricus, Adv. Math. 11.
(6) Nᵒˢ 1007; 1015; 1423; 1426; 1427; 1506; 1669; 1672; 1674.
(7) En 1824 et 1825 : ce sont les nᵒˢ 1007 et 1674.
(8) Nᵒ 1007. — (9) Col. VII.

compagnon d'Achille, au nombre des rhéteurs. Un aussi bon esprit
n'aurait-il pas mieux fait d'abandonner ce souvenir fabuleux, pour
s'occuper de la rhétorique, dans les temps où l'histoire permet d'apprécier ce qu'elle fut entre les mains des philosophes et des techno-
logues?

L'Action, qui trouve surtout sa place dans les grands mouvements
de l'éloquence, est traitée avec soin (1). Là est rapporté le mot de Démosthène qui lui assignait le premier, le second et le troisième rang
dans le talent de l'orateur (2). Callippe et Nicostrate confirment les observations du philosophe; preuve certaine que l'Action n'avait pas été
négligée par l'école d'Isocrate : ainsi lorsque Aristote se contente de
nommer Thrasymaque de Chalcédoine, en mentionnant les auteurs qui
en ébauchèrent les règles (3), il obéit encore à la jalousie.

Également importante dans la tragédie et dans la comédie (4), l'Action est avant tout nécessaire à l'orateur; elle réclame une voix forte,
des inflexions variées, une respiration facile, de la dignité dans la figure
et dans le maintien, des mouvements réglés et de l'assurance (5). Ici,
la première loi est un accord parfait avec le sujet, le ton du discours,
les sentiments des personnages, leur âge et leur sexe (6). Ces préceptes,
si sages, sont en même temps la critique des règles données par la plupart des rhéteurs.

La définition de la rhétorique, μόνης ἢ μάλιστα τῆς ῥητορικῆς ἐστι
τὸ τοὺς ἐνδεχομένους εἰς ἕκαστον λόγους ἐξευρίσκειν (7), semble imitée
d'Aristote, qui l'appelle : *la faculté de trouver dans chaque sujet ce
qu'il renferme de propre à persuader* (8). Comme le philosophe de
Stagire, notre auteur montre que cette faculté d'aborder tous les
sujets appartient à la rhétorique ; tandis que les autres arts, la médecine, la géométrie, par exemple, se renferment dans un sujet spécial (9). De là, il passe aux trois genres, le *judiciaire*, le *délibératif*
et le *démonstratif* (10). Les objets propres à chacun sont nettement
indiqués (11); mais il développe ceux qui se rapportent au genre démonstratif, afin de manifester son aversion pour l'abus que la sophistique faisait de l'éloge et de la censure. Cette intention se révèle par
le soin qu'il prend d'en préciser le véritable effet : « Les hommes,
« dit-il, sont portés à la vertu par l'attrait de certaines louanges, et

(1) Col. XIII. — (2) Col. XVI.
(3) Rhétorique, liv. III, ch. 1.
(4) Col. XVI. — (5) Col. XV.
(6) Col. XX et XXI.
(7) Col. XXIII.
(8) Rhétorique, liv. I, ch. 2.
(9) Col. XXI — XXVI.
(10) Col. XXXI.
(11) Col. XXVII. — XXVIII.

« détournés du vice par le blâme (1). » Ce qu'il ajoute ne tend-il pas à faire vivement ressortir combien la destination de l'éloge avait été profanée par ceux qui ne craignirent pas de décerner à Busiris, à Clytemnestre ou à Pâris, une récompense due au mérite et à la vertu (2)? La fin du traité peut se ramener à deux points : 1° les réflexions sur les enseignements de la sophistique, tous captieux ou inutiles (3); 2° la réponse aux prétentions de certains rhéteurs : il en renvoie le développement à un autre traité (4). Suivant moi, c'est le n° 1674 ; je vais essayer de justifier cette opinion.

Ce traité est plus mutilé que le précédent : les lacunes qui se succèdent sans cesse, rendent les investigations encore plus difficiles. Les mots *art, rhétorique*, etc., se lisent presque dans chaque colonne : partout on entrevoit les vues d'un philosophe qui s'élève au-dessus des divisions minutieuses, alors en vogue dans les écoles. S'il conserve quelques dénominations consacrées par l'usage, c'est moins pour s'y soumettre, que pour faire voir de quelles chaînes des esprits froidement didactiques chargeaient le talent, et pour tenter de l'en affranchir.

Sous des mots à demi effacés, je découvre l'indice de la délimitation

(1) Col. XXXVI.
(2) Col. XXXVI, 18-27;

Texte rétabli :

<table>
<tr><td>

```
...............ΑΛΛΟΙ
ΡΗΤΟΡΙΚΟΙϹΟΦΙϹΤΑΙΒΟ7
ϹΕΙΡΙΔΑϹΚΑΙΠΟΛ7ΦΗΜΟ7Ϲ
ΚΑΙΤΟΙΟ7ΤΟ7ϹΑΛΛΟ7ϹΕΓ
(ΛΙΑΖ)ΚΩͰ....ϽΝΤΕϹΤΑΤΩΝ
ΑΓΑΘΩΝΕΓΑΘΛΑΚΟΙΝΟ
ΠΟΙΟΥϹΙΚΑΙΠΟΛΛΟ7ϹΕΙ
ΝΑΙΠΟΝΗΡΟ7ϹΓΡΟΤΡΕ
ΓΟΝΤΑΙΚΑΙΓΡΟΚΡΕΙ
ΝΟΝΤΕϹ7Ν ΤΑΙϹΟ ΜΒΝΗ
```

Col. XXXVII, l. 1-5.

```
ϹΕϹΙΝΓΗΝΕΛΟΓΗϹΚΛ7ΤΑΙ
ΜΗϹΤΡΑΝΚΑΙΤΟΝΓΑΡΙΝ
ΑΛΕΞΑΝΔΡΟΝΕΚΤΟΡΟϹΑ
ΦΝΑΖΟ7ϹΙΤΑϹϹΡΕΤΑϹ
ΤΩΝΑΓΑΘΩΝΟϹΟΝΕΦΑ7
ΤΟΙϹ
```

</td><td>

………… ἀλλ' οἱ
ῥητορικοὶ σοφισταὶ Βου-
σιρίδας καὶ Πολυφήμους
καὶ τοιούτους ἄλλους ἐγ-
κωμιάζοντες, τὰ τῶν
ἀγαθῶν ἔπαθλα κοινο-
ποιοῦσι καὶ πολλοὺς εἶ-
ναι πονηροὺς προτρέ-
πονται, καὶ προκρί-
νοντες ἐν ταῖς πανηγύ-

ρεσι Πηνελόπης Κλυται-
μνήστραν καὶ τὸν Πάριν
Ἀλέξανδρον Ἕκτορος, ἀ-
φανίζουσι τὰς ἀρετὰς
τῶν ἀγαθῶν, ὅσον ἐφ' αὐ-
τοῖς.

</td></tr>
</table>

(3) Col. XLIII.
(4) *Ibidem.*

ordinaire des genres de la rhétorique (1), son but (2), et ses exercices (3). Philodème définit, à sa manière, l'objet que l'orateur doit se
proposer : ἐπαγγέλλεταί τε καὶ ὁ ῥήτωρ τὸ τέλος ποιήσειν· ἔστι δ' αὐτοῦ τὸ
τέλος (4)..., et il invoque l'autorité de son maître; car c'est bien Ἐπι-
κούρου qu'il faut voir dans le mot κουρου (5). Puis, il discute divers
points, cite sa première rhétorique (6), et comme si son opinion
et celle d'Épicure n'avaient pas assez de poids, il s'appuie sur le témoignage d'un certain Méthodote (7) que, pour la première fois ,
je trouve au nombre des rhéteurs. Les faibles commencements de l'éloquence et de la philosophie, réduites en art, sous le nom de rhétorique et de sophistique, sont exposés en peu de mots, et font mieux
sentir combien les rhéteurs s'étaient écartés de la nature (8). Il es-
saye de renverser leur système, en soutenant que la rhétorique ne saurait être une méthode exacte (9). L'autorité d'Épicure est encore in-
voquée; cette fois, son nom se lit en toutes lettres : τῶν περὶ τὸν
Ἐπίκουρον (10). C'est donc à la nature qu'il faut revenir; c'est elle qu'il
conseille de suivre dans les voies qu'elle nous ouvre pour l'exorde, la
narration et les divers moyens d'opérer la persuasion (11); au lieu de
s'égarer dans de fallacieux détours. Par cette transition il arrive à l'ex-

(1) Col. III, 4 :                              Je lis :

....PHT...............ΕΙΔ⎰  Τῆς ῥητορικῆς εἴδη.

(2) *Ibid.*, 5, 6 :                            Je lis :

....................PH-⎧  ...... Τῆς ῥη-
......CECT...............⎰  τορικῆς ἐστι.

(3) Col. V, 7, 8 :                             Évidemment :

......................THC⎧  ...........τῆς
ΔΙΑΤΡΙ...CPH  ΡΙΚΗC  ⎰  διατριβῆς ῥητορικῆς.

(4) Col. XVIII.
(5) *Ibid.*, 10.
(6) Col. XX.
(7) Col. XXII, 14.
(8) Col. XXV — XXXIV.
(9) Col. XXXIX, 2-6 :                          Texte rétabli :

...........ΕCΤΙΝΕΙ....IN⎧  ......ἔστιν εἰπεῖν
ΤΗΝΠΟΛΙΤΙΚΗΝΡΗΤΟΙ..⎪  τὴν πολιτικὴν ῥητορι-
..ΗΝΟΤΙΜΕΙΓΑΡ..ΥΚΕΧΕ⎬  κὴν, ὅτι μὲν γὰρ οὐκ ἔχει
ΤΗΝΜΕΘΟΔΙΚΗΝΓΑΡΑ⎪  τὴν μεθοδικὴν παρά-
ΔΟCΙΝ...................⎰  δοσιν.

(10) Col. XL.
(11) Col. XL et XLI.

position de sa doctrine (1) : d'après lui, la rhétorique a pour objet de nous former à l'art de la parole (2). Ici encore, Épicure est cité κατὰ τὴν Ἐπι-κούρου (3).., de même que dans les colonnes suivantes, πλεῖστοί γε περὶ τὸν Ἐπίκουρον. Il applique ses propres idées aux éléments de la rhétorique, dans ses rapports avec les assemblées délibérantes ou avec le barreau (4), et définit en passant l'*art* : « un assemblage de règles, susceptibles « d'être facilement rédigées en méthode (5) ».

Après ces aperçus, mêlés à une critique de la rhétorique contemporaine, les regards du philosophe se reportent vers celle qu'Athènes

(1) Col. XLI, 13-16 :    Texte rétabli :

ΑΛΛΑ ΜΗΝΓΕΚΑΙ
ΤΗΝΣΟΦΙΣΤΙΚ    ΙΓΑΡΑ
ΛΙΓΟΝΤΕΣΑΛΛ ΙΝΑΓΟΦΑΙ
ΝΕΙΝΤΕΧΝΗΝ

........ἀλλὰ μήν γε καὶ τὴν σοφιστικὴν παρα-λιπόντες ἄλλην ἀποφαί-νειν τέχνην.

Et Col. XLII, 2-11 :    Texte rétabli :

..ΤΕΧΛ..ΝΤΟΙΑΥΙ.......
ΓΟΝΤΕΣΕΙΝΑΙΤΗΝΡΗΤΟ
ΡΙΚΗΝ......ΑΝΤΙ..ΕΙΓΟΙ
ΤΗΝΕΚΓΑΡΑΤΗ..ΗΣΕ
ΩΣΓΟΙΑΣΣ7ΝΗΣΚ........
ΝΗΝΕΞΙΝΚΑΘΗΝΩΣ ΓΙ
...ΓΟΛ7ΚΚΑΤΑΤΟΕΥ
ΛΟΓΟΝΓΕΡΙΓΙΝΕΤΑΙΤΟ
ΓΡΟΚΕΙΜΕΝΟΝΤΕΛΟΣΤΟ
ΤΗΣΤΕΧ..ΗΣΙΔΙ.Ν

. .τέχνην τοιαύτην λέ-γοντες εἶναι τὴν ῥητο-ρικήν· καίτοι ἄν τις εἴποι τὴν ἐκ παρατηρήσε-ως ποίας συνησκημέ-νην ἕξιν καθ᾽ ἣν, ὡς ἐπὶ τὸ πολὺ, καὶ κατὰ τὸ εὔ-λογον, περιγίνεται τὸ προκείμενον τέλος, τὸ τῆς τέχνης ἴδιον.

(2) Col. XLV, 16-21 :    Texte rétabli :

.....ΑΥΤΗΣΕΣΤΙΝΤΑ
...ΡΑΓΓ.ΛΜΑΤΑΚΑΙΚΑ
...ΟΝΤΟΓΛΕΙΣΤΟΝΤΗΣΩ
..ΘΑΣΕΝΤΩΙΓΥΜΝΑΖΕ
...ΓΡΟΣΤΟΛΕΓΕΙΝΓΕΓΤΩ
ΚΕΚΑΙΜΝΗΜΟΝΕΥΕΙΝ

. . . . .αὐτῆς ἐστι τὰ παραγγέλματα· καί, κα-τὰ λόγον, τὸ πλεῖστον τῆς ὠ-φελείας ἐν τῷ γυμνάζε-ιν πρὸς τὸ λέγειν πέπτω-κε καὶ μνημονεύειν.

(3) Col. XLVI. — (4) Col. XLVII — LIV.
(5) Col. LIV, 9-13 :    Texte rétabli :

........ΦΗΜΙΚΥΙ
ΤΑΥΤΑΚΑΙΤΑΤΟΙΑΥΤ
ΤΕΧΝΑΣΚΑΛΕΙΝΑΛΛΑΤ
ΓΡΟΣΦΕΡΟΜΕΝΑΤΟΜΕ
ΘΟΔΙΚΟΝΣ..ΓΡΟΧΕΙ....

. . . . . .φημὶ καὶ οὐ ταῦτα καὶ τὰ τοιαῦτα τέχνας καλεῖν, ἀλλὰ τὰ προσφερόμενα τὸ με-θοδικὸν ὡς προχείρως.

avait vue florissante. J'ai cru apercevoir un parallèle des écoles de
cette cité avec celles de Rhodes, dans les mots Ῥοδωϊκά—ἐκ τῆς Ἀττικῆς
— Ἀθηναίων — πραγματείαι εἰσί (1). Peut-être aussi, pourrais-je avan-
cer qu'il donne des conseils sur le style, sur la nécessité de n'admettre
dans la rhétorique que des raisonnements empruntés à la dialectique.
Cette conjecture serait autorisée par diverses expressions(2); mais elles
ne m'ont point paru assez formelles, pour asseoir une opinion. Du
reste, quels que soient les objets dont s'occupe Philodème, il aime
à s'appuyer sur Épicure (3), ou sur Métrodore, son condisciple (4).
Le traité se termine par une récapitulation des matières (5); et les derniers mots sont un hommage au maître qu'il a pris pour guide (6).

Ce rapide exposé n'est qu'une ébauche. Livré depuis longtemps au
déchiffrement de ces fragments, j'ai pu concevoir l'espérance d'en restituer les parties les plus importantes. Bientôt, je serai en mesure de
faire paraître le premier traité, avec une traduction et un commentaire; et j'oserai appeler l'attention bienveillante de l'Académie sur des
recherches, qui, à défaut de tout autre mérite, lui paraîtront peut-être
dignes de quelque intérêt; par cela même qu'elles ont pour objet de
précieux débris d'une grande école.


**V.** *Rhéteurs de profession : Hermagoras de Temnos ; Apollonius
Molon ; Gorgias d'Athènes ; Castor.*


Parmi les rhéteurs de profession le premier, à raison de l'importance
attachée à sa doctrine par Cicéron et Quintilien, est Hermagoras de
Temnos : il ne faut pas le confondre, comme l'a fait Suidas, avec son
homonyme, qui fut disciple de Théodore de Gadare, le maître de
Tibère.

Hermagoras de Temnos ouvrit à la rhétorique une route nouvelle (7);
il la définissait : l'art de parler d'une manière persuasive (8), et appelait *état de la cause*, ce qui met en évidence le point litigieux, ce à

(1) Col. LXV.
(2) Col. LVI — LXI.
(3) Col. LVI. — (4) Col. LXI.

(5) Col. LXIX, 26-29 :                    **Je lis :**

|  |  |
|---|---|
| . . . . . . . .ΦΑΜΕΝΔΗΛΟΥΟ | . . . . . . .φαμὲν δηλοῦσ- |
| ΘΑΙΤΟΤΗΝΣΟΦΙ. .ΤΗΙΚΗΝ | θαι τὸ τὴν σοφιστικὴν |
| . .ΗΤΟΡΙΚΗΝΤΙΧΝΗΝ... | ῥητορικὴν τέχνην |

(6) Col. LXX et dernière, 19-23.
(7) Quintilien, liv. III, 1.
(8) Le même, liv. II, 15.

quoi se rapportent les preuves (1). Le premier, il divisa la matière de
la rhétorique en *cause* et *question*, donnant le nom de *cause* à la
discussion qui doit être soutenue avec intervention de personnes dé-
terminées, et le nom de *question* au point à discuter sans intervention
de personnes (2). Dans son système, on devait d'abord fixer l'*état de
la cause*, et s'occuper ensuite de la *question*, qu'il appelait aussi
*point à juger* ou *point fondamental* (3). La question était *légale*,
quand on envisageait le droit, d'après ce qui est écrit; *rationelle*,
quand on appréciait le fait lui-même, d'après ce qui n'était pas
écrit (4). Il distinguait quatre *questions légales*; la première fondée
sur le texte de la loi et sur l'intention du législateur, κατὰ ῥητὸν καὶ
ὑπεξαίρεσιν; la seconde, toute de raisonnement ou d'induction; la troisième, ayant trait aux textes qui offraient de l'ambiguïté; la quatrième,
roulant sur la contradiction des lois entre elles (5). Il reconnaissait
quatre états dans la question rationelle : la *conjecture*, la *propriété*,
la *translation*, la *qualité* (6); ou plutôt il n'en admettait que *trois*,
puisqu'il regardait la *translation* comme une des espèces du genre judiciaire; mais il subdivisa la *qualité* et lui assigna : 1° l'examen de ce
qu'il faut rechercher ou fuir; c'était le genre délibératif; 2° les considérations en bien ou en mal sur une personne, c'était le genre démonstratif; 3° la discussion appliquée aux affaires (πραγματικήν), mais abs-
tractivement et sans acception de personnes (7). « Je n'ignore pas, dit
« Quintilien à cette occasion, que Cicéron, dans son premier livre de
« la Rhétorique, a donné une autre interprétation à la partie qu'Her-
« magoras appelle Πραγματικήν, et qu'il l'a définie : l'*Examen de ce
« qui est fondé en droit sur l'usage et sur l'équité*, examen attribué
« chez nous aux jurisconsultes. Mais j'ai rappelé déjà combien Ci-
« céron lui-même faisait peu de cas de cet ouvrage, résumé des le-
« çons qu'il avait prises dans sa jeunesse. S'il s'y trouve quelque erreur,
« on doit la mettre plutôt sur le compte de ses maîtres que sur le sien.
« Peut-être aussi s'est-il trompé, parce qu'Hermagoras, en traitant de
« cette espèce de *qualité*, cite des exemples tirés du droit; peut-être
« encore aura-t-il pris le change sur le mot πραγματικούς, par lequel les
« Grecs désignent les jurisconsultes. » Ce passage m'a paru la meilleure
réponse à l'objection de Cicéron; je me suis décidé à le transcrire,
parce qu'il est nécessaire pour la suite de cette dissertation. Hermagoras
est regardé comme l'inventeur de l'*état de récusation*, applicable
quand il s'agit de savoir qui doit intenter l'action, contre qui, de quelle
manière, devant quel juge, d'après quelle loi et dans quel temps il

(1) Quintilien, III, 6.
(2) Cic., De Invent. I, 6.
(3) Quintil., liv. III, 11.
(4) Ibid., I. — (5) Ibid., 6.
(6) Ibid. — (7) Quintil. III, 6.

convient de l'intenter; enfin, s'il n'y a aucun vice qui doive annuller ou
faire changer l'accusation (1). A la vérité, cette découverte lui fut dis-
putée; mais c'est un tort qu'il faut attribuer moins à l'ignorance qu'à
l'envie et à la méchanceté (2). Il est le premier qui ait parlé de la
*translation* ou *compétence*, comme d'un état distinct (3). Avant la
conclusion, dernière partie du discours, Hermagoras plaçait la digres-
sion (4), qui doit renfermer un développement étranger à la cause;
par exemple, l'éloge de celui qui parle ou le blâme de ses adversaires;
ou bien quelque sujet qui fournisse, plutôt pour l'amplification que
pour le raisonnement, des moyens d'attaque ou de réfutation.

Ces lambeaux de la doctrine d'un écrivain rempli de sagacité et admirable dans beaucoup de parties (5), sont insuffisants pour apprécier
sa méthode, ses bonnes qualités et ses défauts; je ne puis que répéter
le jugement de deux grands maîtres, Cicéron et Quintilien. Hermagoras
classa avec esprit les préceptes des anciens rhéteurs; il y ajouta même
des aperçus nouveaux (6); mais il tomba, par une exactitude trop scrupuleuse, défaut qui a son côté louable (7), dans des distinctions minutieuses. Aussi, son école, si pauvre sous le rapport des ornements, fut-elle
très-propre à développer la faculté d'inventer (8). Si ses préceptes ne
fournissaient pas une assez grande richesse d'ornements, du moins
étaient-ils excellents pour l'ordre : ils indiquaient à l'orateur des voies
qui ne lui permettaient point de s'égarer, et mettaient à sa disposition
des ressources toujours prêtes et dont il pouvait s'armer, comme le
vélite de sa lance (9).

La reconnaissance de Cicéron a peut-être moins contribué à im-
mortaliser le nom d'Apollonius Molon, que le cri d'admiration et de
douleur qui lui fut arraché par le talent de son élève. On sait qu'Apollonius, qui n'entendait pas la langue latine, le pria de s'exercer en
grec devant lui. Le jeune orateur obéit dans l'espérance de recevoir
d'utiles conseils. Quand il eut fini de parler, les applaudissements furent
unanimes, et il s'éleva un combat de louanges entre les auditeurs. Seul,
Apollonius ne témoignait aucun signe de joie, et demeura longtemps
pensif et silencieux. L'orateur s'en affligeait. « Cicéron, lui dit Apollo-
« nius, je te loue et je t'admire; mais je plains le sort de la Grèce,
« en songeant que la seule gloire qui nous restait, celle des lettres et
« de l'éloquence, va devenir par toi la conquête des Romains (10) ». Nous

(1) Cicéron, De Invent. I, 9. — (2) Ibid.
(3) Quintilien, liv. III, 6.
(4) Cic. de Invent. I, 51.
(5) Quintil., ubi sup.
(6) Cic. de Invent., 1, 6.
(7) Quintil., ubi sup.
(8) Cicéron, Brutus, LXXVI : « Ad inveniendum expedita Hermagoræ disciplina. »
(9) Ibidem, LXXVIII.
(10) Plutarque, Vie de Cic., IV. Traduction de M. J. V. Le Clerc. Cf. Velleius Pater-
culus, II, 34.

n'avons de lui que sa définition des figures, qu'il appelait : μεταβολὴ εἰς ἡδονὴν ἐξάγουσα τὴν ἀκοήν. Elle nous a été transmise par Phœbammon, d'après le rhéteur Zoïle (1). S'il faut en croire Valère-Maxime, Apollonius doit être regardé comme l'inventeur des harangues grecques, devenues si fréquentes de son temps. Il fut aussi le premier des étrangers autorisé à parler sans interprète devant le sénat (2). C'était un juste honneur rendu à l'orateur qui avait puissamment secondé les progrès de l'éloquence parmi les Romains. Cicéron ne fut pas le seul qui suivit les leçons d'Apollonius; son exemple trouva de nombreux imitateurs; César, entre autres, à l'époque où, déjà en butte à la haine publique, il cherchait le calme et le repos au sein de l'étude (3).

Les renseignements que nous avons sur Gorgias d'Athènes ne donnent pas une haute idée de sa moralité. Comme rhéteur, il ne manquait pas sans doute de mérite, puisque Cicéron le choisit pour maître de son fils, et que celui-ci, au moment où il cessa d'être son disciple, confiait en ces mots ses regrets à Tiron : « A l'égard de Gorgias, il m'était « fort utile de m'exercer sous lui à la déclamation; mais je n'ai rien mis « en balance avec les ordres de mon père, qui m'a ordonné de ne plus « le voir (4). » Nous n'avons point la lettre où Cicéron avait déposé les alarmes de sa sollicitude paternelle (5); mais il paraît certain que ses précautions furent trop tardives. Déjà le jeune Marcus avait puisé dans les exemples de son maître des habitudes qui lui attirèrent d'amères censures. « Tergilla, dit Pline l'ancien (6), reprochait au fils du « grand Cicéron de boire souvent deux conges d'un seul trait, et d'avoir « un jour, dans l'ivresse, jeté sa coupe à la tête d'Agrippa. »

Gorgias d'Athènes avait composé un traité sur les *figures*. L'original ne nous est point parvenu; mais la traduction de Rutilius Lupus peut en donner une idée (7). Les figures y sont soumises à l'éternelle division de *figures de mots* et *figures de pensées*. Elle a son importance pour constater la nouvelle physionomie de l'art oratoire. Les rhéteurs, imitateurs d'Aristote, abusent de la méthode du maître, et multiplient les catégories; l'art descend des hauteurs où l'avait placé le génie de la philosophie pour revêtir ces formes techniques dont l'orateur romain, marchant sur les traces de Platon, se moqua souvent, après en avoir été l'esclave dans ses premiers ouvrages; mais outre l'intérêt qu'inspirent les écrits où est retracée l'image des révolutions subies par la critique littéraire chez les anciens, le traité de Gorgias nous a conservé divers passages d'orateurs qui, sans cela, ne seraient guères connus que de

---

(1) Cf. Spengel Συναγωγὴ τεχνῶν, p. 226.
(2) Valère-Maxime, II, 13.
(3) Suétone, in Cæs. IV.
(4) Epist. ad Famil. XVI, 21.
(5) Plutarque, Vie de Cicéron, IV.
(6) Liv. XIV, ch. dernier.
(7) Cf. les Rhéteurs latins de Capperonnier, p. 1—14.

nom : Cléocharès (1), Charisius (2), Daphnis (3), Démétrius de Phalère (4), Démocharès (5), Hégésias (6), Hypéride (7), Isidore (8),
Lycon (9), Myron (10), Pythias (11), Sosicrate (12), Stratoclès (13),
Timarque (14). La version de Rutilius ne reproduit, il est vrai, que
eurs pensées : la forme, si précieuse surtout chez les écrivains grecs,
s'est effacée sous la plume du traducteur. Toutefois, le philologue doit
se féliciter d'en retrouver au moins la copie.

Je n'ai presque rien à dire sur Castor, dont il m'a été impossible
de fixer la patrie. Les uns le disent originaire de Marseille, les autres
de Rhodes (15). Parmi les écrits que lui attribuent Suidas et Eudocie (16), trois ont rapport à l'art oratoire : 1° un traité en huit livres *sur les arguments ;* 2° un autre en deux livres *sur la persuasion ;*
3° un traité *sur la rhétorique*

### VI. *Nouvelle physionomie de la rhétorique.*

En rapprochant les fragments des rhéteurs de cette époque et les
témoignages qui les concernent, on voit l'art oratoire subir une division
nouvelle : le genre des *causes*, destiné à la discussion des faits déter-
minés et particuliers, et le genre des *questions*, destiné à l'examen des
sujets indéfinis et à la discussion de ces mêmes sujets (17). Là,
cinq objets sont assignés à l'éloquence : trouver ce qu'on doit dire,
εὕρεσις ; le disposer dans l'ordre convenable, τάξις ; le revêtir d'heureuses expressions, λέξις ; le retenir par la mémoire, μνήμη ; enfin,
le faire valoir par l'action, ὑπόκρισις (18).

### VII. *Conséquences applicables à la Rhétorique* ad Herennium.

Cet état de la rhétorique n'est pas sans utilité, pour reconnaître le
véritable auteur de la *Rhétorique à Hérennius.* M. J. V. Le Clerc, avec
cette sagacité de critique et cette variété d'érudition qui le caractérisent, n'a pas hésité à la restituer à Cicéron. Son opinion, appuyée sur

(1) Cf. les Rhéteurs latins de Capperonnier, p. 1—4.
(2) Ibid., p. 4, 10, 13.
(3) Ibid., p. 6.
(4) Ibid., p. 1, 13. — (5) Ibid., p. 5, 7.
(6) Ibid., p. 3, 4, 8, 12.
(7) Ibid., p. 2, 7, 8, 11, 12, 13. — (8) Ibid., p. 13.
(9) Ibid., p. 10. — (10) Ibid., p. 7, 8.
(11) Ibid., p. 4, 5. — (12) Ibid., p. 3, 12.
(13) Ibid., p. 4, 14. — (14) Ibid., p. 14.
(15) Cf. Fabricius, Bib. Gr. VI, p. 126, et Heyne, de Castoris Epochis, in Comment.
Societ. Gœtting., I, p. 67.
(16) Suidas, au mot Κάστωρ, et Eudocie, p. 268.
(17) Cicéron, De Orat. liv. II, 19.
(18) Ibidem. Cf. M. Westermann, ubi sup. tom. I, § 83, et les notes.

le fond de l'ouvrage, sur les circonstances au milieu desquelles il fut publié, et sur les caractères du style, répand une vive lumière. Je n'ose me flatter d'avoir rempli le vœu qu'il exprime en ces termes : « Je « voudrais que par la suite quelque découverte nouvelle donnât à ces « raisons plus de certitude; afin qu'il fût prouvé que celui qui le « premier éleva l'éloquence à Rome à la hauteur de celle d'Athènes, « est aussi le premier qui composa une rhétorique pour instruire ses « concitoyens (1). » Cependant, les considérations que je vais pésenter, en fortifiant le système du docte académicien, seront peut-être un nouvel acheminement vers la solution du problème.

Dans les écrits de Cicéron sur l'art oratoire, il faut distinguer ceux qu'il composa dans la maturité de l'âge et du talent, et ceux qui furent le résumé de ses premières études : « Quæ pueris aut adolescentulis « nobis ex commentariolis nostris inchoata ac rudia exciderant (2). » Il nous apprend lui-même, d'après quelle méthode il rédigea ces cahiers : « J'ai pris pour maîtres, dit-il, les anciens et les nouveaux, afin de « me régler sur eux, autant que j'ai pu le faire, en ajoutant quelques « règles nouvelles au domaine reconnu de la rhétorique (3). » En examinant la doctrine contenue dans les ouvrages échappés à la jeunesse de ce grand homme, il est bon de la comparer avec l'état de la rhétorique avant lui et de son temps.

La perte des écrits didactiques d'Isocrate et de son école ne permet pas de vérifier, si l'opinion qui lui attribue l'invention des *états de cause*, est fondée ; mais à part le doute d'un esprit aussi éclairé que Quintilien (4), il serait étonnant qu'Aristote, ce grand partisan des classifications méthodiques, n'en eût pas fait usage, s'ils avaient existé de son temps. Les *états de cause* ne figurèrent pas non plus dans la rhétorique, à l'époque où elle fut entre les mains des philosophes. Dans l'*Invention oratoire* de Cicéron, il en est souvent question, et toujours Hermagoras se présente comme l'auteur de ce système. Ils tiennent aussi une grande place dans la *Rhétorique à Hérennius* : entre les classifications, établies dans l'un et l'autre ouvrage, il existe une identité incontestable. Si de légères différences s'offrent au premier abord, elles disparaissent devant un examen sérieux (5). On peut dire que sur ce point la doctrine est la même, et qu'elle date de la même époque. Mais Hermagoras, n'est pas nommé dans la *Rhétorique à Hérennius*; tandis que son nom se rencontre fréquemment dans l'*Invention oratoire*. C'est le moment de m'expliquer sur un passage capital : « Causarum constitutiones alii quatuor fecerunt : *Noster*

---

(1) Préface de sa traduction de la *Rhétorique à Hérennius*, tom. I, p. 18, éd. in-18.
(2) Cicéron, De Oratore, lib. I, 2.
(3) De Invent., lib. II, 3.
(4) Lib. III, 6.
(5) Il suffit, pour s'en convaincre, de lire avec attention dans l'*Invention*, liv. I, les chapitres VIII, IX, X, XI et XII, et dans la *Rhétorique à Hérennius*, liv. I, les chapitres XI, XII, XIII, XIV et XV.

« *doctor Hermes* tres putavit esse (1); » et de montrer que cet *Hermès* est un personnage imaginaire. J'ai besoin de toute l'indulgence de l'Académie, pour les détails où je suis forcé d'entrer : sous une apparente discussion de noms et de variantes se trouve une question littéraire.

Que peut être, en effet, cet *Hermès* ? Cicéron, dans ses autres écrits, et Quintilien, toujours si exact, gardent, à son égard, le plus profond silence. Un passage de Suétone lui a seul donné l'existence : « Ipse « (Atteïus) ad Lælium *Hermam* scripsit se in græcis litteris magnum « processum habere, et in latinis nonnullum ; audisse Antonium Gniphonem, ejusque *Hermam ;* postea docuisse (2). » Et plus bas : « Multiplici variaque doctrina censebatur ; quod sane ex commentariis ejus « apparet, quanquam paucissimi exstent ; de quorum tamen copia, sic « altera ad eundem *Hermam* epistola significat. »

Il y a là deux personnages distincts ; celui qui dans Suétone est appelé Lælium *Hermam,* et celui dont la position auprès de Gniphon reste fort incertaine, à cause de ces mots vagues : *ejusque Hermam.* Au milieu des suppositions accumulées par les commentateurs, je choisis la plus vraisemblable ; celle qui signale ici l'ellipse de *discipulum* ou *socium,* semblable à l'ellipse de μαθητήν ou γνώριμον chez les Grecs. De plus, la répétition de *Hermam,* qui reparaît trois fois en quelques lignes, me semble révéler une altération dans le texte. Le seul manuscrit qu'ait la bibliothèque royale du traité des *Grammairiens illustres* confirme ce soupçon. Il porte : « Ipse ad *Lælium* « *scripsit* se in græcis litteris, etc. » Quant à *Lælium,* nommé *Lucium* par quelques éditeurs (3), c'est, je crois, une de ces fautes si communes dans les manuscrits, au lieu de *L. Ælium,* à qui Suétone a consacré un chapitre (4).

Je propose de lire : « Ipse (Atteïus) ad L. Ælium scripsit se in « græcis litteris magnum processum habere, et in latinis nonnullum ; « audisse Antonium Gniphonem ejusque *Hermam ;* postea docuisse.... « Multiplici variaque doctrina censebatur ; quod sane ex commenta- « riis ejus apparet, quanquam paucissimi exstent ; de quorum tamen « copia, sic altera ad eundem epistola significat, etc. »

Alors, plus d'embarras : Atteïus écrivit deux lettres à L. Ælius. Dans l'une, il lui rendait compte de ses progrès, à l'école de Gniphon et d'un de ses disciples ou de ses amis ; dans l'autre, il lui recommandait ses nombreux écrits : « Hylen nostram aliis memento commen- « dare, quam omnis generis coegimus, uti scis., octingentos in libros (5). » Ces deux lettres durent être adressées au savant maître

---

(1) Rhétorique à Herennius, liv. I, ch. XI.
(2) De Illustr. Grammat., X.
(3) Cf. le Suétone de Samuel Pitiscus, tom. II, p. 1074.
(4) Ubi Sup. III.
(5) Ibidem, X.

de **Varron** (1), à l'époque où son attachement pour l'aristocratie lui faisait partager l'exil de Métellus le Numidique (2). L. Ælius possédait à fond les lettres grecques et latines, ainsi que les antiquités de sa patrie (3); et si l'on veut absolument lui laisser le surnom d'*Hermas* ( l'Ἑρμῆς des Grecs latinisé ), on pourra dire qu'il le mérita par son érudition , comme il reçut le surnom de *Stilo ;* parce qu'il avait mis sa plume au service des grands, pour lesquels il était toujours prêt à composer des discours (4). Faut-il s'étonner qu'Atteïus , disciple de Gniphon , entretînt une correspondance avec l'homme dont Cicéron, autre auditeur de ce même Gniphon, aimait, dans son adolescence, à écouter les conseils (5), et qu'il honora même du titre d'ami (6)?

Le texte de Suétone ainsi modifié , il me reste à faire voir que cet *Hermam* est un personnage identique avec l'*Hermès*, admis par plusieurs éditeurs dans la *Rhétorique à Hérennius*. Le nom de ce dernier se présente entouré de tant d'incertitudes, que j'ai dû demander aux manuscrits quelques lumières sur le passage : « Noster doc- « tor tres putavit esse. » Parmi les *vingt-cinq* que possède la bibliothèque royale, *un seul* porte *Hermes; treize* n'ont point de nom propre ; *cinq* donnent *Hermester; deux, Hermestes,* et *quatre Hermestres.* En regardant , avec les meilleurs critiques, les désinences *ter, tes* et *tres,* comme nées de la rencontre de *Hermes* et de *tres,* on est ramené à *Hermes.* Mais il n'est pas inutile de remarquer qu'au nombre des manuscrits où le nom propre manque , on doit mettre les plus anciens ; ceux du IXe et du XIIe siècle. En outre, la forme *Hermam,* dans Suétone, se déduit plus naturellement d'*Hermas* que d'*Hermes.* Si l'on veut donc joindre un nom propre à *noster doctor , Hermas* me semble préférable (7). Ainsi, le passage en question ne peut se lire que de deux manières :

1° Noster doctor tres putavit esse.

2° Noster doctor *Hermas* tres putavit esse.

Dans le premier cas, à qui doit s'appliquer la dénomination *noster doctor,* sinon au rhéteur, qui professait alors une prédilection mani-

---

(1) Aulu-Gelle, liv. XVI, 6 : «Commentarium de proloquiis L. Ælii docti hominis, « *qui magister Varronis fuit,* studiose quæsivimus; eumque in Pacis bibliotheca reper- « tum legimus. »

(2) Suétone, Ubi sup. III : « tantus optimatum fautor, ut Quintum Metellum Numi- « dicum in exsilium comitatus sit. »

(3) Cicéron, Brutus, LVI.

(4) Suétone, ubi sup. III. Cicéron dit la même chose, Brutus, LVI, et cite parmi ceux qui mirent son éloquence à contribution Q. Metellus le fils, Q. Cépion, Q. Pompeius Rufus.

(5) Cic. Brutus, ubi sup. : « Quum essem apud Ælium adolescens, eumque audire « perstudiose solerem.»

(6) Académiques, II, 1, ch. 2 : « a Græcis enim peti non poterant, ac, post. L. Ælii « nostri occasum , ne a Latinis quidem. »

(7) M. J. V. Le Clerc, dans la préface de sa traduction de la Rhétorique à Hérennius , dit (p. 14) qu'on peut l'appeler *Hermas* ou *Hermes,* en parlant des divers maitres de Cicéron.

feste pour la doctrine des *états de cause* ; et ce rhéteur, c'est *Hermagoras*. Dans le second, on arrive à la même conséquence. Le texte de Suétone permet de voir dans *Hermas* un disciple, ou un ami de Gniphon ; peut-être, le littérateur grec qui l'aidait dans les travaux de l'enseignement, et dont l'auteur de la *Rhétorique à Hérennius* pût recevoir quelquefois des leçons : or, Cicéron fréquenta longtemps l'école de Gniphon ; il aimait à chercher un délassement auprès de lui, alors même qu'il se livrait aux luttes orageuses du barreau (1). *Hermas* ne me paraît être autre chose qu'*Hermagoras* : probablement, c'est une forme abrégée, un de ces petits noms, si fréquents dans toutes les langues, et familiers à l'impatiente prononciation des peuples méridionaux. Des abréviations semblables se rencontrent souvent dans les manuscrits grecs et latins : je dois déclarer pourtant que je n'en ai point trouvé d'exemple pour le mot *Hermagoras*, ni dans les manuscrits de l'*Invention oratoire* de Cicéron, ni dans ceux de Quintilien. Lambin affirme qu'un manuscrit de la *Rhétorique à Hérennius* porte *Hermag*, au lieu d'*Hermes* : ce n'est aucun de ceux de la bibliothèque royale ; au moins pour ce traité.

Enfin, une considération subsidiaire est fournie par l'âge des manuscrits. Dans ceux du IX^e, du XII^e et du XIV^e siècle, la *Rhétorique à Hérennius* est désignée dans le titre, comme un ouvrage de Cicéron. Parmi les manuscrits du XIII^e siècle, deux seulement ont pour titre *ad Herennium*, et parmi ceux du XV^e siècle, *six* l'attribuent à Cicéron ; quelques-uns n'ont pas de titre, et d'autres ne portent que *ad Herennium*. Il faut remarquer aussi qu'à l'exception d'un seul, les manuscrits où le nom propre manque, après *noster doctor*, sont ceux dont le titre attribue l'ouvrage à Cicéron, et qu'à l'exception d'un seul pareillement, ceux où le nom propre est ajouté après ces mots, sont les mêmes où celui de Cicéron ne figure pas dans le titre. Sans exagérer les conséquences de ce fait accessoire, ne semble-t-il pas que le doute sur l'auteur de la *Rhétorique à Hérennius* est né du nom de ce maître mystérieux ? Est-il admis dans l'ouvrage, celui de Cicéron disparaît du titre ; sans doute, parce qu'Hermès ne se trouve point au nombre de ses maîtres, dans Plutarque. Au contraire, *Hermes* n'est-il pas intercalé, dès lors, le nom de Cicéron est respecté dans le titre, et il reste tranquille possesseur de l'ouvrage.

Libre de toute préoccupation, j'ai tâché de juger d'après les faits. Outre les raisons si puissantes, données par M. J. V. Le Clerc, des probabilités, puisées dans un autre ordre d'idées, militent en faveur de son opinion ; savoir : 1° l'état de la rhétorique, à l'époque où il place la composition du traité adressé à Hérennius ; 2° les conséquences

(1) Macrobe, Saturn. liv. III, 12 : « Antonius Gnipho, vir doctus, cujus scholam « Cicero post laborem fori frequentabat. »

de mon interprétation du passage de Suétone ; 3° enfin , les conjectures autorisées par les manuscrits.

Hermès doit donc s'évanouir ; lui que Quintilien ne nomme nulle part ; tandis qu'il cite Gniphon (1) : il doit céder la place à Hermagoras, contemporain de l'orateur romain, et dont la doctrine est souvent reproduite dans la *Rhétorique à Hérennius*. C'est une restitution, justifiée par la célébrité dont Hermagoras jouit non-seulement à cette époque, mais longtemps après lui ; puisqu'un contemporain de Donat et de Servius, Julius Victor, inscrivit son nom , au frontispice de sa Rhétorique, à côté de Cicéron et de Quintilien (2).

## CONCLUSION.

Des faits exposés dans ce Mémoire, il est permis de conclure que, depuis la destruction de Corinthe jusqu'au règne d'Auguste (An 146-29 avant J. C.),

1° L'influence grecque se fait sentir sur toute la littérature romaine.

2° L'état de la rhétorique chez les Grecs doit être, en grande partie, recherché dans les trésors de la littérature latine.

3° La rhétorique sortit des écoles philosophiques pour reprendre un domaine particulier. Cependant, quelques philosophes s'en occupèrent encore ; surtout Philodème dont les traités méritent d'être étudiés.

4° L'art oratoire prit une physionomie nouvelle entre les mains des rhéteurs de profession.

5° Cette nouvelle physionomie, souvent reproduite dans la *Rhétorique à Herennius* , est favorable à l'opinion qui attribue cet ouvrage à Cicéron.

(1) Liv. I, 6 : « Sicut Antonius Gnipho, qui robur quidem et ebur, atque etiam marmur fatetur esse, verum fieri vult ex his robura, ebura, marmura. »

(2) C. Julii Victoris Ars rhetorica, *Hermagoræ* , Ciceronis, Quintiliani, etc., ouvrage publié pour la première fois par Angelo Mai, 1823. Voir sa dissertation sur l'âge de ce rhéteur, p. LXVIII—LXVIIII.